光文社知恵の森文庫

立川談四楼

もっとハゲしく
声に出して笑える日本語

本書は知恵の森文庫のために書き下ろされました。

まえがき

お待ちどう様でした。いよいよ『声に出して笑える日本語』シリーズの第三弾『もっとハゲしく声に出して笑える日本語』をお届けいたします。

ありがたいことに「次はまだか？」との声をずいぶんいただきました。お待たせしてしまったこと、大変申し訳なく思っています。

第二弾『もっと声に出して笑える日本語』も程よく売れました。そうです、このシリーズは私の唯一のベストセラーにしてロングセラーなのです。小説も書いていますが、そちらは捗々《はかばか》しくありません。それでも注文は来るのですから、出版社に損はさせない程度には売れているのです。

しかしこのシリーズの数字はダントツです。私は「落語もできる作家」や「口も立ち筆も立川談四楼」を標榜《ひょうぼう》していますが、まさしく本シリーズは私の経済の拠《よ》って立つところであり、キャッチフレーズを証明してくれるありがたいものなのです。

では、その第三弾がなぜそんなに遅れたのか？

はい、言い訳です。いや、第二弾が順調に滑り出し、すぐに担当さんから依頼はあったのです。二つ返事で受け、「團伊玖磨《だんいくま》の『パイプのけむり』のように長いシリーズ物にしましょう」などとも口走ったのです。ですからすぐに取りかかりました。本書の特徴は小ネタの連続ですから多少の時間はかかりますが、まあそれでも仕上げたわけです。

それを渡したところで、私に重大な問題がふりかかったのです。それが何かは今は言えませんが、心身が追い込まれ、それどころではなくなりました。それはヘラヘラしている男がシリアスにならざるを得なかったということですが、「そろそろゲラをお戻しください」と定期的に催促してこられる担当さんには申し訳ないことでした。心苦しくもありました。

そうこうするうち月日が流れ、担当さんから「別の部署に異動します」との知らせがもたらされました。私はほぼ立ち直っていたのですが、これは縁が切れたということです。私が作業を怠ったのですから仕方がありません。諦めたそのときです、「あれ、どうなってますか？」と新任の編集長から連絡をいただいたのは。「あれ」とは本書のことです。生かされた……という経緯なのです。まあ手の内を明かすヤツもないもんですが、本が遅れてできるまでの一例としてお笑いください。

懸念《けねん》が一つありました。ずいぶん前に書いたものですから、ネタが古くなっていないかということです。杞憂《きゆう》でした。久々に読んだ私がタイトル通り「声に出して笑」ったのです。半端《はんぱ》な古さがいいんです。そうだ、こんなことがあった、と、忘れかけている部分を刺激してくれたんです。

どこから読んでもらっても構いません。楽しんでください。あ、タイトルですが、『もっともっと声に出して笑える日本語』の予定でしたが、T議員の「このハゲー！」発言がありまして、編集長から「コレを活かしたらどうか」の提案があり、私が容易に同意したという経緯があります。では、また後ほど「あとがき」でお会いいたしましょう。お楽しみください。

もっとハゲしく声に出して笑える日本語　目次

本文デザイン／長坂勇司

紫の音【名言・芸能人編　その1】

「相撲取りになれ」

森繁久彌は共演者が熱演するとそう言ったとか。自然体、軽い演技をモットーとする役者だったんですな。


「寿命というのはいい言葉だね。寿《ことほ》ぐ命と書くんだから」

これもモリシゲが遺した言葉です。


モリシゲ語録。

「人は、ピンとキリだけ知ればいい」

なるほど、ふむふむなるほど、ふむふむ。


「下手な役者には石をぶつけてもよい」

紅テント時代の唐十郎《からじゅうろう》は、そう言って客に石を配って歩いたという。落語家でよかった。

がん延命治療拒否で、晩年大いに気を吐いた、俳優の入川保則氏、若き日には大島渚監督を激怒させたとか。

オーディションで大島氏に、「安保の意味を言ってみろ」と言われ、「火事の安全保障のマーク」と答えた。スリッパが飛び、オーディションそのものが打ち切られる騒動に発展。諦めていた二日後、監督から電話があった。「おまえみたいなバカの方が仕込み甲斐《がい》がある」。

大役であったそうな。

「映画の本質は、泣く・笑う・手に汗握る」

東映の岡田茂名誉会長が亡くなりましたが、いいフレーズを遺しました。まったくその通り。それ以外にないと思います。

故・中村勘三郎（十八代）が上島竜兵と芝居で共演中、飲みに行き、盛り上がり、朝四時になった。上島が言った。

「明日舞台がありますんでお先に失礼します」

勘三郎、ニコニコしながら言ったそうな。

「オレもだよ。しかもオレの方が出番多いよ」と。

ウケるねえ。そりゃ出番は多いよ、主役だもの。勘三郎と飲んで上がっちゃってる上島の様子も目に浮かびますな。

御存知『旗本退屈男』の市川右太衛門、出演作のすべてが主役であったとか。

あるとき、素浪人役（もちろん主役）で出演、食事のシーンの撮影となったが、素浪人役ゆえ、オカズは鰯《いわし》。しかし右太衛門、鰯を見た途端、叫んだ。

「この無礼者！」

石倉三郎がCS番組『ホメシネ』において、フランス映画は粋《いき》だと語った後、

「粋ってわかる？　米を卒（卆）業すると書いて、粋なんだよ」

井筒和幸監督のアシスタント福田萌嬢に向かって、そう言ったんですな。なるほど、米をガツガツ食ってる姿は野暮《やぼ》だ。もう一点、番組の性格からして米映画、つまりハリウッド映画を喜んでいるうちはまだまだという意味にも取れ、感心しましたっけ。

崔《さい》洋一いわく、

「黒澤明監督のシンナンカンクたるや……」

大先輩監督を褒《ほ》めようとして挫折。艱難辛苦《かんなんしんく》のことと思われます。

山本晋也いわく、

「本当にセックスするところを撮るんだったら素人にもできる。映画はウソを撮っているから面白い」

さすがです、カントク。


「志は高く、カメラは低く」

某局深夜お色気番組のプロデューサーのモットーであるという。実に名言ではないでしょうか。

「幸せは私に必要ではない」——太地喜和子《たいちきわこ》

ときどき思い出す役者さんですが、そういう覚悟だったのかと今さら思うわけです。

浅川マキ。

「もっと紫の音をちょうだい」

バックを務めたことのあるピアニストの山下洋輔は、そう言われたことがあるという。浅川マキが亡くなったとき、そう懐かしそうに語っていました。

浜田ブリトニーいわく、

「カネがない人をカネがネーゼと言う」

なるほど、シロガネーゼの逆ですな。

エルビス・プレスリーの大ファンである加山雄三。あるとき、運よくプレスリーの楽屋を訪ねることができた。しかし大緊張、間抜けな質問を発したそうな。

「あなたの趣味は何ですか？」

するとプレスリー、加山を上から下まで見て、「空手」と答えたとか。ホントかなあ。出来過ぎのような。


小林桂樹氏が小野ヤスシ氏（いずれも故人）の再婚の仲人をしたという。

「えー、小野さんは敬虔《けいけん》なクリスチャンだそうですが、結婚においては経験のあるクリスチャンで……」

場内爆笑であったという。実直な役柄の多かった人ですが、ユーモアを忘れない人柄だったのですね。


カダフィ大佐と丹波哲郎は似ている。ただそれだけです。

国民のおもちゃ【名言・芸能人編　その2】

「関東で放送されてないってことは、東京弁の女性器の名称を言ってもいいよね」
伊集院光の某ローカルラジオにおいての発言ですが、伊集院さん、やっぱりそれはマズいでしょ。

野田義治氏と言えば、巨乳軍団を率いる名物社長として有名でしたね。イエローキャブから現サンズエンタテインメント会長。堀江しのぶ、かとうれいこ、細川ふみえ、山田まりや、佐藤江梨子、小池栄子、ＭＥＧＵＭＩらを育てたことで知られています。

さて彼の名言を紹介しましょう。

「世に男がいる限り、巨乳は永遠に不滅です」
いやまったくその通り。

「バスの屁理論」

千原ジュニアが唱えた説だそうです。

「乗客同士が誰も知らないバスの中、オナラをしても迷惑がられるだけだが、その乗客が全員友だちなら笑いに変わる」

それだけじゃない気もしますが、一理ありますね。

中村メイコと神津カンナ。

「私、二歳の頃からオムツして仕事してたのよ」

「またオムツして仕事するようになるわよ」

はい、娘の勝ち！

NHK大河ドラマにおいて秀吉役を務めた岸谷五朗、あるシーンで「アタマが高い」と言った。しばしして頭《ず》が高い、だとわかったが、アタマが高いとも言うのだろうか。

第一回ホリプロタレントスカウトキャラバンに合格した自分の映像を見て、榊原郁恵が泣きながらこう言いました。

「いい子だねこの子。この子が獲ってホントによかったァ。だってこの子、今の私の子供より小さいんだものォ」

はい、もらい泣きしました。


「国民のおもちゃ、新発売」

それが山瀬まみのデビュー時のキャッチフレーズであったという。

「香港からきた真珠」

御存知アグネス・チャンのキャッチフレーズ。

そしてピーターのものは、

「アポロが月から連れてきた少年」

であったという。いやよくできてます。


「具志堅ようこそ」

お笑いコンビのガレッジセールはデビューのとき、吉本興業からそんな名を提示されたそうな。同じ沖縄出身と言っても、〝ようこそ〟ですからねえ。

年の功。

「二階席のみんなも、ちゃんと見えてるよ」

アイドルはそんなことを言い、若いのに気が利くでしょと、自分をアピールする。

歌手の坂本冬美はこう言ったそうな。

「三階席、四階席の皆様。わたくし最近、遠くの方がよく見えるようになって参りました」

爆笑とともに、ものすごい拍手が捲《ま》き起こったという。

速水もこみちの〝もこ〟は、もこもこしているの〝もこ〟ではないという。モコはイタリア語でまっすぐという意味があり、そこに道をつけ、「まっすぐな道」ということで、もこみちという名になったそうな。今までさんざ笑ったことを、ここに謝罪します。

ミッキー亭カーチスの落語は実に洒脱《しゃだつ》で、一門にもファンは多いのだが、言うことが普段からシャレている。あるギタリストのプレイを見て、こう評したという。

「キミ、ギター何年やってるの？」

「十年です」

「ふーん。それって一年を十回やってるだけじゃないの」

「ひとかけらの純」

樹木希林が内田裕也を評してそう言いましたな。いいフレーズです。グッときました。別件ですが、「樹木希林の危機管理能力」というのは早口言葉入りできるでしょうか。

内田裕也はイクラのことを「シャケノベイビィ」と言うらしい。

かつて矢沢永吉は、音符のない真っさらな五線紙を、作曲家でベーシストの後藤次利に渡し、言ったそうな。

「これがポルシェになるんだよ」

矢沢永吉いわく、

「おまえらの一生、矢沢の二秒」

某ロック歌手は、色紙にこう書くという。

「死ぬこと以外かすり傷」

カッケー！

眼習い、手習い【名言　文化人その他　その1】

お馴染みソフトバンクの総帥・孫正義社長の頭髪は、私同様、かなりきてます。しかし、こんなことを言うんです。

「髪が後退しているのではない。私が前進しているのである」

これ、大金持ちだから許されるんですね。こんなこと貧乏人が言ったら、袋叩きです。

「金持ちより心もち」

貧乏人がそんな言い回しをデッチ上げたそうです。

「広い家にはバカでも住める。小さい家に住むには知恵がいる」

狭いながらも楽しい我が家の原点ですな。

「ベッドとソファと靴」

英国人はこの三つを大事にするとか。理由は「人は寝ているか、座っているか、立っているか」だから。

落語の『寿限無《じゅげむ》』には、「食う寝るところに住むところ」というフレーズが出てきます。しょっちゅう出てくる言い回しとしては、「立って半畳、寝て一畳」で、「柾《まさ》の通った下駄」「ささっくれた下足履《げそは》いてんじゃねえ」といった表現もあり、履き物だけは英国人に似てますね。

「私は失敗しない。なぜなら成功するまでやめないからだ」

誰ぞがそんなことを言いました。ふむ、なるほどと思いましたね。

「異常か天才かを分けるのは、失敗したか成功したかだけ」

誰でしたかねえ、そんなこと言ってましたよ。

「謙遜は、自惚《うぬぼ》れの悪質な形態」

誰が言ったんでしたかねえ、これまた思い出せないのですよ。

格言。

「自分のことを悪く言ってはならない。そんなことはキミの友人たちがいつも言ってることだから」

「明日のメンドリより今日のヒヨコ」

アラブの諺だそうな。

「すべて手遅れ、だから間に合う」

西洋の諺だそうです。

回文。

「世の中バカなのよ」

単発で失礼。

「地位の高い者は、やむを得ずウソをつく」

かくプラトンが言ったとか。ソ、ソ、ソクラテスかプラトンか……古いなあ。

「ピアニストには三種類しかいない。ユダヤ人とホモと下手クソだ」――ホロヴィッツ

さすがと言うべきか、いやホロヴィッツさん、ものすごいこと言わはる。

アルマン・サラクルー。

どこの国のどんな方か存じませんが、その人はこんなことを言ったそうな。

「人間は判断力の欠如によって結婚し、忍耐力の欠如によって離婚し、記憶力の欠如によって再婚する」

書家の言葉に「眼習《めなら》い、手習《てなら》いの順」があるという。まず目なんですな。目が肥えて初めて筆を動かすことができるのだとか。

「絶対止まらないものは、絶対動かないものにぶつかる」

映画バットマンシリーズの『ダークナイト』、その中でジョーカーがそんなセリフを。迫真の演技でした。

現在は岸部四郎のようですが、当時の岸部シローいわく、

「うどんが重い」

そのくらい体力がなかったのだという。

神がさす【名言　文化人その他　その2】

「モモヒザ三年、シリ八年」――吉行淳之介
漢字にすると腿膝三年尻八年となり、それが女遊び、オサワリの極意なんだとか。無闇とさわるんじゃないということで、文豪の言うことには含蓄《がんちく》がありますな。

田村隆一。

「死人が出た家でなければ、文化とは言えない」

さすがは詩人、味わい深いですな。


作家・星新一の年賀状は、こんな文面だったという。

「今年もまたご一緒に九億四千万キロメートルの宇宙旅行をいたしましょう。これは地球が太陽のまわりを一周する距離です。速度は秒速二十九・七キロメートルのマッハ九十三。安全です。他の乗客たちがごたごたを起こさないように祈りましょう」

実にシャレてますね。

「神がさす」

〝魔がさす〟の反対語で、そう唱えたのは水木しげる。神がさすと、人は知らず知らずのうちにいいことをしてしまうという。使えるねこのフレーズ。みんな喜ぶと思うよ。今は広島カープの「神ってる」ですかね。

「怖ろしいもんだぞ、一つの商売がダメになるというのは」

水木しげる氏が、昭和の貸本漫画の斜陽についてそう語ったのですが、説得力がありました。現在の出版界にも当てはまるだけに。

赤塚不二夫の作品の一つに『天才バカボン』があります。その中で、バカボンのパパは「これでいいのだ」を連発します。旧満州の言葉に〝没法子《メーファーズ》〟があり、何があっても受け入れる、つまりしょうがねえ、という意味なんだそうですが、転じて「これでいいのだ」になったのだとか。そう、赤塚不二夫氏は満州からの引き揚げ者だったのです。

従軍。

「ジャワは極楽、ビルマは地獄、生きて帰れぬニューギニア」

生き残りを自称する人がそう言ってました。

作家の岩井志麻子がテレビに出てきて言いました。

「アルゼンチンのマラドーナ」と。

それだけなら何の問題もないのですが、にやりと笑い、アルゼンチンのチンとマラドーナのマラに思いっ切りアクセントを置きました。ニヤリが恐かったですね。

岩井志麻子の愛犬の名は〝竹島・ドクト〟というらしい。彼氏が韓国人だからとの理由だという。なるほど、歩み寄った結果なのですね。

別件バウアー【ダジャレ】

アメリカのメジャーリーグ「S・Fジャイアンツ」のサンドバル選手、二〇一二年のワールドシリーズにおいて、一試合三連続ホームランを達成。二本打って、さあ三本目が出るかというとき、ここで打てばワールドシリーズタイ記録になると世界中が興奮、そして見事サンドバル選手は三本目を放ったのだが、我が国内においては同時多発的にこんなダジャレが飛び交った。

「二度あることはサンドバル」

このダジャレを思いついた人は？　と、後日楽屋で聞いたら、五人中四人の手が挙がりました。そして手を挙げなかった一人は野球にまったく興味のない男だったのです。

日本で学んだマラソンのサムエル・ワンジル選手。モットーは忍耐と我慢。それを聞いた中山秀征くん、

「ワンジルが我慢を覚えたら〝我慢汁《ガマンジル》〟ですね」

と言った。日テレ、某日朝の十時半過ぎでした。

ロンドン五輪の時、日本の男子サッカーがメキシコと当たる場合、どの選手に気をつければいいか、京都の舞妓さんに訊いてみました。

「ドス・サントスさんどす」

私の弟弟子、立川雲水《うんすい》の作です。傑作ですね。無駄がありません。

『バンデイジ』という映画の宣伝に板東英二が出ていた。バンデイジとバンドウエイジのダジャレ以外につながるものを発見できません。

次の話題に移るとき「これは別件バウアーですが」と言うのが、一部で流行っていたらしい。

夏の終わりの居酒屋で、某客が、「夏のセミも終わりだねえ、これがホントのセミファイナル」と言い、連れが「上手いねえ」と感心しきりでした。

シャンソン歌手の旗照夫は数年前、新たな夫人を迎え、友人にこう紹介した。

「ボージョレ・ニョーボーです」と。シャレてますな。

ぐっすりの語源。

〝ぐっすり眠る〟のぐっすりの語源が、英語の〝Ｇｏｏｄ Ｓｌｅｅｐ（グッドスリープ）〟だと言い張るオヤジが居酒屋にいた。

「ターイマ（大麻）」

「コカインなさい」

「オラ、トウヒョウさ行くだ」

選挙期間中に居酒屋で某オッサンの発したダジャレ。吉幾三も大喜び。

「シンドラーのリフト」

シンドラー社のエレベーターがあちこちで不具合を起こしたとき、こんなダジャレが飛び交いました。米語ではエレベーターですが、英語ではリフトと言い、そこからきたものですが、あのスピルバーグの〝シンドラーのリスト〟が少し古くなり、中高年はこのダジャレを喜んだものの、若者にはウケませんでしたね。

「プロテインはいかがでしょうか」

マッチョ売りの少女がそう言ったというんですがね。

「都民蒸《とみんむし》」

都民に人気の食べ物として某落語家の発したダジャレですが、考えるに土瓶蒸《どびんむし》にかけた言葉かと思われます。誰かって？　どうでもいいヤツです。

ロンドン五輪、男子やり投げの村上幸史選手とディーン元気選手、共に結果が出せず、帰国後は投げやりな生活を送ったという。
四十にしてマドモアゼル。発音はシジュウにして、です。

たまたまカニを食っていたら隣の客が、
「味はどうカニ？」だって。困ったなあ。

「いざキャバクラ」
ま、オヤジギャグというやつです。

「憧れのハワイ航路」
オカッパルこと岡晴夫のヒット曲ですが、「真《ま》子《こ》鰈《がれい》のハワイ航路」なるダジャレを聞いた。ピンとこなかったが、唄うとドンピシャリだった。

「大変なんですから。痔の手術を外国の偉い先生にしてもらったんすから。えー、痔《ジ》切る《キル》博士と言って……で馬にも乗れるようになったんすから。ハイドハイド……。だあ。ジキルとハイドなんすから」

あのこれ、先代林家三平のネタです。そう、面白かった方の三平ね。

挨拶。

「昇天の時間がやって参りました。死界の歌丸です」

何かと話題の官僚ですが、「過去官僚」がいるという。官僚上がりの政治家のことで、もちろん過去完了のダジャレです。

「あー、旨かった、牛負《うしま》けた」

旨かった、馬勝った。したがって牛負けたとなるわけです。昔は必ずこれを言うオバさん（なぜかオジさんではなくオバさん）がいたものですが、近頃いませんね。さびしいです。

「長崎チャンピオン」

長崎ちゃんぽんが最も早く出てくる店のことだそうです。リンガーハット?

「洗濯機フライドチキン」なるダジャレを聞いたことがある。確か楽屋だったような気がする。これが後年、忖度《そんたく》機フライドチキンになるのです。

「デラックスした雰囲気で……あ、リラックスか」そう宮根誠司がボケた。すかさず松尾貴史が「どんなボケや」と軽くツッコミを入れていた。

「おデコを冷やしても、ヒタイ通りの効果は得られない」

当時CX（フジテレビ）のアナウンス室長だった福井謙二さんがそんなダジャレをカマしたわけです、並み居る芸人をさしおいて。

文化放送『吉田照美 ソコダイジナトコ』に「吉田健康」なるコーナーがあった。はい、吉田兼好の堂々たるダジャレです。

滝川クリステルの反対語は「滝川栗拾う」であるという。滝川栗捨てる、だから。

「お・も・て・な・し」

表無し。つまり、

「う・ら・は・あ・り」

裏は有り。

やくみつるという人がいる。この名を模した芸人に〝やくみつゆ〟がいる。〝薬密輸〟いい度胸だなあ。

よさってる【新語・流行語　その1】

十五少年漂流記。

テレビに女子高生が映り、「ドッカン嫌だよねえ」と言い合っている。

ドッカン？　何だそれ、と思っていたら読書感想文のことで、詰めて〝ドッカン〟、レポーターが、「どんな本を読んでいるの」と尋ねたら、中の一人が『十五年漂流記』と答えた。私は「十五年漂流したら、たいがい諦めるだろ」とテレビの女子高生にツッコミを入れた。

ある日のマックで女子高校生が言いました。

「この頃何だか体がダルビッシュ」

ダルいみたいです。

ギャル言葉に「よさってる」がある。髪の毛がぐちゃぐちゃになってることをそう表現するらしいのだが、何と語源は与謝野晶子であるという。『みだれ髪』からきているのだ。与謝野晶子だから与謝ってるという風に。

美空ひばりも「みだれ髪」を唄ったが、彼女の場合だと「ミソってる」……。

木下優樹菜いわく、

「お風呂上がりはマッパですね」

どうも真っ裸の意味らしいですよ。


ギャル語。

「パネェうめんだけど」

半端でなく旨いと言っている模様です。


化粧せず、サングラスや帽子もなく、スッピンで歩くこと。それを近頃は「野《の》面《づら》で歩く」と言うそうな。ノヅラ。すごい表現ですなあ。

「ガチ使える」
実用的なことをそう言うとか。「あいつはガチ使える」。なるほど。
試験勉強。
「一夜漬け」――試験勉強をひと晩ですませること。
「あさ漬け」――試験勉強を当日の朝にすませること。
「ぬか漬け」――ある程度の期間を設け、こまめに手入れをしながら勉強すること。
「お茶漬け」――お茶のカフェインを摂取しながら勉強すること。
「福神漬け」――勉強せずに神頼みすること。
眼鏡のことを今「アイウェア」と言うんだそうな。ファッション用語らしいですがね。
「イガグリ頭」
これはもう死語でしょうか。野球だけでなく、スポーツ部員の短く刈り込んだ頭をそう呼んだのですが、タテ社会を連想させるだの、グロだのと言われ、衰退しました。

ところがどうでしょう、同じ髪型のＥＸＩＬＥの場合、「バズカット」などと言われ、賞賛されているのです。何がバズカットだよ、イガグリ頭じゃねえか。

ホルモンヌ【新語・流行語　その2】

「ラーラー」

シャネル好きをシャネラー、マヨネーズ好きをマヨラー、阿修羅像の追っかけをアシュラーなどと言うそうですが、ついにラー油を好む「ラーラー」が登場しました。ラーラーという響きがユルくていいですね。

ラー油ブームの火付け役は桃屋の「辛そうで辛くない少し辛いラー油」で、一時品切れとなりました。次いでヱスビー食品が「ぶっかけ！　おかずラー油」で追走。あとは乱立、ラー油戦争となりました。現在は落ちついていますが、ま、定着ということでしょう。しかし何が当たるかわかりませんな。

「ホルモンヌ」

ホルモン焼の店に足繁く通う女子のこと。ホルモンそのものより、含まれるところのコラーゲンが目的とか。

「ガモーナ」
巣鴨に集まるオバ様たちをそう呼ぶんだそうな。その食欲と好奇心たるや……。

「オトメン」
〝乙男〟と書いてオトメンなんです。オツメンじゃないいんですね。理由は「手芸や料理の好きな、乙女心を持つ男子」だからなんだそうです。

「装飾男子」
コテコテに飾り立てるのではなく、さり気なくスキンケアなどをする男子。

「ママ鉄」
子供に電車等を見せているうち、自分がハマってしまうママのこと。

「クルマニヨン」

車を使って遊びの幅を広げる人のことをそう呼ぼうと提唱したらしいのですが、どうやら定着しなかった模様です。

「スーツアクター」

着グルミを着て演技する人をそう呼ぶんだそうです。彼らのプライドのために⁉

上ばかり、つまり上司の顔色ばかり見ている社員を「平目社員」とか言うそうな。

「ベルサッサ」

終業ベルとともに帰る人。

ドームラン【新語・流行語　その3】

新聞にこんな見出しが。

「老々介護から認々介護へ」

認々の認は認知症の認で、互いがボケてることに気がつかないことを、そう言うんだとか。

「シューカツ」

「終活」と書くんですな。人生をどう終えるか活動することなんだそうです。『エンディングノート』という邦画のコピーにこうありました。「わたくし、終活に大忙し」と。映画のヒットで定着しましたね。

「教育と教養」

本来の意味とは違う使い方をするそうです。

年を取ってから必要なものがキョウイクとキョウヨウである。つまりキョウイクは今日行くところ、キョウヨウは今日用事があるの意で、その二つのある人は元気に過ごせるのだという。

単なる語呂合わせかよとツッコんでみたものの、ジワジワとくる言い回しです。


「没イチ」

配偶者を亡くした人のことを近頃はそう言うのだとか。ちっとも知りませんでした。

確かに没してますね。


「エッグ・ドナー」

卵子提供者をそう呼ぶんだそうな。確かにエッグ・ドナーです。何度か呟《つぶや》くうちに徐々にその意味がわかってきます。


「放射脳」

ネット上の言葉ですね。放射能被害を過度に心配し、汚染地域でもないのに自主避難した人を揶揄《やゆ》してるんです。ネットは何でもありですね。匿名性がそうさせています。

「ジテツウ」

自転車通学、もしくは自転車通勤のこと。

ねぶた祭の晩に仕込まれた子を「ねぶ子」と言うんだそうな。で、リオのカーニバルの間に仕込まれた子を「カニ子」と言う。たぶん。

「突沸」

これで〝トップツ〟と読むんだそうな。電子レンジやガスコンロなどで飲食物を加熱する際、突然沸騰すること。しかし次々と新語が出ますな。

「ドームラン」

東京ドームでは、なぜか巨人の攻撃のときだけ、打球がよく飛ぶんだそうですよ。私は何か仕掛けがあるとの意見に賛同します。筋金入りのアンチ巨人ですからね。

お太り様【新語・流行語　その4】

「追い出し盗」

奥さん、あの自転車、奥さんのじゃありませんか？　あれでは盗まれますよ。あら大変……と、奥さんが家を離れたスキに物色。道路に面した小さな商店などが狙われるそうです。しかし泥ちゃん、いろいろ考えますな。

「不満体」

ストレスの結果、太ってしまう人を近頃はそう言うんだそうです。〝ストレス太りの不満体〟。うーん、単なる肥満体より、いかにも現代を表してますな。

「お太り様」

デブの丁寧語であるという。

「暴乳」

爆乳と書くバクニュウなる言葉は知っていたのですが、これは〝アバレチチ〟と読むんだそうです。Lカップ、百十五センチをそう呼ぶと聞きましたが、百十五センチあったらそりゃ暴れるでしょうね。


「ドラ弁」

ドライブインで売られる弁当をそう言うんだそうな。そう言えば空港の弁当を「ソラ弁」とか言いましたな。


「芸農人」

農業に取り組む芸能人をそう言うんだそうな。近頃はブームと言っていいほどで、大手プロダクション・アミューズが農業に進出し、加速がついたようです。

ずいぶんいますよ。福山雅治、サンプラザ中野くん、菅原文太、永島敏行、高橋尚子、研ナオコ、南こうせつ、里田まい、高木美保、大桃美代子、益戸育江、西川（仁支川）峰子……。ベテランから新人、故人、逮捕者まで多士済々です。

門脇睦男、大泉逸郎といった歌手は、農業から芸能への逆コースで、私の師匠談志も新潟に田圃《たんぼ》を持っていました。田植えから稲刈りまでやり、コシヒカリの新米を三合ばかりもらったことがありましたが、実に旨い米でしたね。

「ナマドル」

訛《なま》ってるアイドルをそう呼ぶんだそうな。

「AKB」

A＝アイドルは、K＝恋をしたら、B＝坊主になる。

「AKT64」

〝AKi Takejo 64〟。はい、あき竹城六十四歳のことだそうです。おっと、今年は何と古希、七十歳です。

「野鳥の会」

アイドルを双眼鏡で必死に見ているオッカケ。

「ドナドナ」

コンサートで興奮のあまり、係員に会場から連れ出される客。なるほど、引いていかれるのでドナドナか。懐かしいですな。ドナドナドーナ〜、ドーナ〜。

「ネカフェ生活」

ホームレス・ギャグ漫画家の浜田ブリトニーが、自分をそう語りました。浜田はネットカフェを根城《ねじろ》としているからです。それにしても〝ホームレス・ギャグ漫画家〟という肩書の何とものすごいことよ。

「ジャパネットはだか」なる通販番組がパラダイステレビにあるという。ローターやバイブなどをお勧めしてるんだとか。

あぐらをこいて【言い間違い　アナウンサー　その1】

ＮＨＫは偉い。大原麗子死去の折に、ちゃんと「俳優の大原さんは……」と伝えた。

そう、民放は「女優の……」であったのだ。

現フリーの西尾由佳理アナはＮＴＶ『ズームイン!!ＳＵＰＥＲ』でこうおっしゃった。

「大原さんは映画『監獄島』で……」

〝ゴクモントウ（獄門島）〟だってえの！　あんたスカしてよくやるね。談志の死の折に「タチカワダンシさんが……」と言ったよね。

ＮＨＫ-ＢＳニュースの某男子アナ。

〝戻りガツオ〟と言おうとして「戻りカズオ」と言った。何だかカズオさんが帰ってきたように聞こえた。

NHK-BSニュースの某女子アナ。

十分間ニュースを伝えきり、安心したんでしょう。「これでBSニュースを終わりやす」と言った。江戸っ子？

「あぐらをこいて」

二〇一〇年九月十三日（月）、午後一時四十分頃、日テレの女子アナが確かにそう言いました。屁をこいてと同じ口調で。

NTV系のレポーターが、牛舎に入り、言った。

「ああ、牛の香りがしますね」

やっぱ、ニオイだろ。

「道楽者」

某男性キャスターが、かの国の長男、金正男《キムジョンナム》氏について語った。

「ドウラクシャのビジネスマンですから……」

初めて聞きました。そんな言い回し。ドウラクシャねえ……。

ＮＨＫの青山祐子アナ、

「音楽のヒットチャートを〝セキマキ〟する……」

〝席巻〟をそう読んで人気上昇。そして〝殺陣〟を〝サツジン〟と読み、もう知名度は全国区に。おめでとうございます。

ＣＸの佐々木恭子アナ、微妙に間違える。

「ワシントンポストの記者は無事でした」

そう伝えるべきところを、

「ワシントン記者のポストは無事でした」

とやったわけです。同業者意識が働いたといったところでしょうか。

テレ朝の伊井忠義記者が韓流スターのインタビューを見て言った。「ズイエンモノですね」と。

さて何のことだろうと思ったが、しばしして「垂涎《すいぜん》もの」との言葉が浮かんだ。ズイエンモノとスイゼンモノ、ま、紛らわしいのは確かですが。

複合施設・赤坂サカスは、坂の多い赤坂と、〝咲かす〟の意味があるとのことですが、発音が難点。当のTBSアナが「アカシャカシャカス」などとやっていて、実にめでたい。今はそんなことないでしょうが。

「芸能人が足げに通う店」

テレビの芸能ニュースにそんなスーパーとナレーションが。〝足繁く〟がいつから〝足げ〟に変わってしまったのだろう。私には芸能人が蹴飛ばして暴れてるようにしか思えないのだが……。

「何げに」という言い回しも嫌ですね。ま、付き合いで使うことはありますが。

木から落ちて落下して【言い間違い　アナウンサー　その2】

アナウンサーの人たちはいつもネタをくれます。

「――は、――とキショクばんで……」

気色ばむは〝ケシキばむ〟ではないでしょうか。気色が悪いは〝キショクが悪い〟ですが。

「……という大変なモウジャです」

そんなテレ東の女性ナレーターの声。ガリガリ亡者とかカネの亡者とか一般に言うので、てっきりその種の亡者かと思ったら、キックボクサーの紹介でした。となれば話が違う。まさか〝猛者《もさ》〟のことか。いやそれしか考えられない。確かにモウジャと読めないこともないが、モウジャじゃ選手が救われませんぜ。

「広島県のサンカンで……」

TBS早朝の番組で女子アナがそう読んだのです。

「山間」は、「やまあい」ではないかと愚考する次第です。それから「幕間」を「まくま」と読んじゃう人、けっこういますよね、かつての私のように。

ナカミーこと中野美奈子アナがこう読んだ。

「オイモノ俳優」と。

老物俳優？　お芋の俳優？　と思ったら、大物俳優と読むべきところを単に嚙んだだけでした。

小林麻耶アナ、

「それでは千葉北警察署からです」を、「それではチバキタケイシャツシャ……」と。

「ハチジュウゴキャキョク」

サッカー・ワールドカップのトロフィーが四日間だけ日本へやってきた。八十五カ国を回るんだそうで、それを伝える各局のアナが嚙んでました。

「諸説はいろいろあるのですが……」と日テレのM女史がミヤネ屋において。Mさん、いろいろあるのが諸説だと思いますよ。ホント、テレビに出る人は面白いな。

テレ朝のグルメ番組が〝ちゃんこ特集〟をやった。ナレーターが「メーダイちゃんこ」と言ったので、明治大学相撲部のちゃんこを紹介するのかと思ったら、さにあらず。スーパーに〝名代ちゃんこ〟と出て、ナダイをメーダイと読んだだけの単純ミスとわかった。それにしてもプロデューサーやディレクター、構成作家もいるだろうに、なぜ誰もチェックをしないのだろう。

某民放のテロップにこう出た。
「カダフィ大佐　いまだ投稿せず」
さて大佐、何を投稿するつもりだったのだろう。短歌？　俳句？　川柳？　ツイッター？

「木から落ちて落下して大ケガを……」

テレ朝の某女子アナが、ニュースでそう言ってました。古典「馬から落ちて落馬して」ほどの完成度はないですが。

「麻原彰晃は、後ろの後部座席に……」

あの事件から早二十数年。当時のビデオが流されたが、逮捕の瞬間、アナウンサーがそう叫んでいた。興奮してたんでしょう、後部座席は後ろと決まってますから。

地震の折、テレ朝の男子アナがニュースを読んだ。

「オダワラ、アツミ間が運転見合わせ」と。熱海を知らないアナがいることは、かえって新鮮だった。

某局男子アナ、短い説明をさんざトチった挙句にこう言った。

「噛んじゃいましたァ」

なぜ失礼しましたと言えない！

コキンテイ【言い間違い　アナウンサー　その3】

落語家の亭号の一つに〝古今亭〟があります。ココンテイと読むのですが、某古今亭の落語家はコキンテイと女子アナに紹介されてしまい、激しく抗議、しかし女子アナ少しも怯まず、「だって古今和歌集はコキンと読むじゃありませんか」と逆ギレ、ついには「あなた方の亭号は間違ってます」とまで言ったそうです。その強情な女子アナの名前は言えません。

当代三遊亭金馬師は、NHK『お笑い三人組』など、小金馬時代に大変売れた。四代目金馬を襲名したとき、寄席番組のアナウンサーがこう紹介したほど。

「このたび、四代目三遊亭金馬を襲名した三遊亭小金馬さんです。どうぞ」

「今日は、熊が出やすいでしょう」

いや驚きました。北海道の天気予報じゃないんですから。そう言ったのはお天気キャスター根本美緒さんで、もちろん〝雲〟の間違いでしたが。

テレ朝、加藤真輝子アナのレポート。

「もう風と雨がすごくて、嵐のようになってます」

嵐のようにって、あのねえ、あなた台風のレポートに出てるんでしょうが。

テレ朝の某アナ、〝圧巻〟を「アッカン」と読む。寒い晩ならそれでもよかったんですがねえ。

「高知から河内アナがお知らせします」

台風情報なんですが、河内がカワウチなら問題はなかったんです。コウチと読むため混乱が生じ、「コウチからコウチアナがお送りします」となって、茶の間は何？となったわけなのです。

「紹興酒が揃ってますからね」

テレビがそう言い、年代物や瓶入《かめい》りが揃っているのかと目を転じたら、話はイチローのことで、〝走、攻、守が揃っている〟と言っているのであった。そう聞こえた方が面白いと思っているからそう聞こえるのか、単に滑舌《かつぜつ》の悪い人が喋ったからそう聞こえたのか、その辺がねえ……。

「ワシントン支局のEさん、そちらは……」

えっ、何でイニシャルで呼ぶんだよと思ったら、井伊さんでした。あの井伊家の末裔？

「左折三車線」

サセツサンシャセンって、言い難《にく》いらしい。ベテランアナがカミカミだった。

京鹿子娘道成寺は、〝キョウガノコ、ムスメドウジョウジ〟と読むと思っていたが、フジテレビの女子アナが、「キョウカノ、コムスメドウジョウジ」と発音した。

「小娘道成寺」か。うん、それはそれで観てみたいなと納得した。

すべからく【言い間違い　芸能人・一般】

二〇一六年の五輪開催地がリオ（リオデジャネイロ）に決まった翌朝、TBS『朝ズバ！』のみのもんた氏、こう言ったもんです。

「発表のとき、リオジャダメジャネエカと聞こえたんですがね」

石ちゃんとのコンビ「ホンジャマカ」で売った恵俊彰《めぐみとしあき》は、今やキャスターだ。その彼が、

「アヅヅ、アヅヅ、アジズ、あれ？」と言っている。一体目的は何？　と思ったら、「安土桃山」と言わんとしているのであった。

アンガールズ。

「ビートルズのジョージ・マイケルが……」って、それ誰、田中さん！

「みんなにツメられた」

ナレーションの清水ミチコがそう言い、はて何のことかと思ったところでスーパーが出た。

「みんなに詰められた」

あ、ナジられたのね。


「同じ釜飯を食った仲じゃないか」

お笑いコンビ、スリムクラブ・内間の発言。相棒に借金を申し込まれ快諾、〝同じ釜の飯を食った仲じゃないか〟と言おうとして。峠の釜飯じゃなかったのね。


阿部寛。

「意外と甘いものがお好きだとか」

「ええ、手持ちぶたさなものですから」

阿部さん、それってぶさたですから。

免許更新の教本は本当に高い。けしからん。そんな主旨で怒っていた崔洋一監督、こうおっしゃいました。

「それじゃまるで〝やらずボッタクリ〟だよ」と。

わかります、言いたいこと。ぶったくりとボッタクリが一緒になっちゃっただけのことですもんね。


おすぎとピーコを前にした某タレント。

「いいこと言いますねえ、おピーさん」

おすぎとピーコが一緒になった？


「すごいですよ淡路恵子さん、喜寿ですよ」

との徳光和夫氏の言に中山秀征クン、

「そうですか、八十歳ですか」

って、違うよ秀クン、七十七歳のことだよ。合掌。

ファストフード店で「こちらでお召し上がりですか、お持ち帰りですか」と聞かれたオジジ、思いっ切り「テイクオフで」と答えていた。テイクアウトと言いたかったのは明らかだが、離陸とはまた大胆な！


「コモドオオトカゲ」

これをコドモオオトカゲと思い込み、子供なのになぜ大トカゲなのかとの疑問を口にした男がいて、それは私である。すいませんでしたね。


わずかな違い。

「Aさんが倒れたらしいよ」

「そりゃ大変だ。病名は何？」

「確か、キンシンシンソウカン」

「それ、シンキンコウソクの間違いだろ」

いるんですこう言う人。私は二人知ってます。

「シンリン太郎の本ありますか？」

女子大生が図書館でそう言ったとか。モリリンタロウ、つまり森鷗外のことですが、かつて歌手の東海林太郎《しょうじたろう》をトウカイリンタロウと読んだ同級生を思い出しました。

老舗出版社の岩波書店を「ガンバ書店」と読んだ東大生がいるという。ガンバ、岩波書店！

猿之助《えんのすけ》（現猿翁《えんおう》）が宙を飛んでくる。いわゆる猿之助歌舞伎ですが、最初観たときはド胆を抜かれましたっけ。そして今や息子（香川照之・市川中車）や甥（市川亀治郎改メ猿之助）の時代となったわけですが、依然として大真面目にあのケレンを〝宙吊り〟《ちゅうづ》と言う人がいますね。〝宙乗り〟でしょ、やっぱ。単にぶら下がってちゃまずいですよね。

「敬意をアラワす」と言う人が多い。NHK-BSの同時通訳者もそう言った。

私は〝敬意を表す〟を「ケイイをヒョウす」と教わったのだが……。

「すべからく」

世に「すべからくオジさん」なる言葉があるそうな。何かにつけて〝すべからく〟を連発するオジさんのことですが、意味が間違ってるとのからかいでもあるんですね。「すべからく」は〝当然、ぜひとも〟の意で、決して〝すべて〟ではないんですね。でも「すべからくオジさん」は跋扈《ばっこ》し続けるのです。

ある夫婦が自宅でまったりしてたら、息子がやってきて、「いいね、夫婦みずしらずで」と言ったという。

「しちはっくする」と一般の人がインタビューに答えて言った。そうか、四苦八苦を〝七八九〟と覚えている人がいるのかと、なかば感動した。七八九する。いいな、これ使おう。

虚実皮膜の間【漢字は難しい　その1】

作家・五木寛之氏の対談相手に選ばれたのは、私の自慢です。その折やエッセーで知ったことを少々。

『他力』というタイトルの本を出したら、ラジオの女子アナがそれを「タリョク」と読んだ。やんわりと「タリキ」の旨を指摘すると、かの女子アナ、「だってカリョク、スイリョク発電と言うじゃありませんか」と、相当頑張ったらしい。

『親鸞《しんらん》』を出した折、書店で「なんだ、このオヤドリって?」との若者の声を耳にしたという。うーん、そう読めるような……。

芝の増上寺《ぞうじょうじ》を訪れると、何やら賑やかにイベントをやっていて、氏の背後から若い男たちの会話が聞こえた。

「ここはホウゼンジョウニンの寺なんだよ」と。五木氏は法然上人のこととただちに理解したが、しばし考えたという。

「自然、全然の然はゼンと読む。増上寺や上下の上はジョウだ。だからホウネンショウニンと読まなくても間違いではないのだが……」と。でも、法然はホウネン、上人はショウニンと読んでもらいたいですよね。

漢字は中国から渡ってきた。我ら日本人はそれを使いつつ、新たな漢語を生みだした。

「哲学」「情報」「象徴」「共産主義」――これらは和製で、中国へ輸出され、定着した。共産主義が和製というのが驚きでしたね。

近年は「達人」「人気」「女優」などが輸出されたそうです。定着するといいですね。

全日空と中国人。

通称ＡＮＡ《アナ》の全日空、この全日空という漢字を中国人が見ると、「いつもガラガラな航空会社」と受け取るんだとか。全日《ぜんにち》が空《から》ですからね。

一方、成田―台北線に参入したシンガポールのＬＣＣ〝Ｓｃｏｏｔ〟（Ｓｃｏｏｔ Ｔｉｇｅｒａｉｒ）は中国語表記で〝酷航〟となり、さて台北から帰国しようとする日本人、空港でこれを見て何を思うか？

「愛人」と書くと、中国では〝配偶者〟で、韓国では〝交際相手〟の意味になるそうです。我が国ではまた別の意味ですよね。

台湾で見た日本の映画ポスターに『大盲俠』の文字が。そうです、これ『座頭市』のことなんです。俠のひと言が効いてますね。

ギョカイルイの表記は「魚貝類」だと思っていたが、「魚介類」が正解だという。辞書を引くと「魚類と貝類。海でとれるものをまとめていう呼び名」とある。まとめると「魚介」となるらしい。

ウニは海胆と書きますが、食膳に上れば「雲丹」と字が変わるんだそうです。普通、牛はウシですが、ギュウと言えば肉を指すのと同じ？

「虎魚」と書いてオコゼと読むそうです。一方、「魚虎」となるとハリセンボンと変わるから不思議です。

暴走族。

「夜露死苦」と「愛羅武勇」。ヨロシクとアイラブユー。これセットでしたよね。しかしあんまり、族も、この文字も、見かけなくなりました。何と今や、族は全国で一万人を切っているとか。

「何苦楚魂」

岩村明憲選手がメジャーリーグに挑戦したとき、そう色紙に書いてました。はいその通り、〃ナニクソダマシイ〃と読むんですね。

「虚実皮膜の間」

さて何と読むべきでしょう。拙著『談志が死んだ』(新潮社)のオビにも使われていたのですが。

私は素直に〃キョジツヒマクのアイダ〃と読んでいました。何の疑いもなく。

ところがある本にルビが振ってあるのを見てビックリ。何とそこには〝キョジツヒニクのアワイ〟とあったのです。ウーン、ヒニクのアワイかぁ。ま、ヒマクのアイダでも間違いではないらしいんですがね。

「ヨイショ」

ま、世辞のことです。ところが世辞は〝施辞〟からきていると知ってビックリ。なるほど〝言葉を施《ほどこ》す〟んですな。

訓読みの「訓」は音読み【漢字は難しい　その2】

鳥越神社の縁起物に「犬張り子」がある。犬がザルをかぶっているのだが、その心は、ザルが竹カンムリ、その下に犬を置き、犬の点を上に持ってくると〝笑〟という字になります。

いわゆる江戸のシャレですな。

「乙」

オツだねえの〝乙〟という字ですが、これ一画なんだそうで、今書いてみて納得しました。近頃はこの〝乙〟、メールなどでは〝おつかれさま〟の意で使われ、〝乙〟とのみ打つんだとか。

「乙一」と表記する作家もいます。オツイチ？　たった二画のフルネーム、書きやすいし覚えてもらえるという一石二鳥、本名だったらその親に敬意を表しますが、ま、狙ったペンネームでしょう。

「十分堪能しました」「徒歩十分」

それぞれ「ジュウブン」と「ジップン」で、我らが口にする「ジュップン」の読みはなく、それは間違いで、さらに十をジュウと読むかジッと読むかは難しく、ジュウには十畳、十億、十字架、十五夜などがあり、ジッには十回、十戒、十手、十指、十周年、十把《じっぱ》ひとからげ等があります。つまりカ行、サ行、タ行、パ行が十に付くときに「ジッ」となるんですよね。

この使い分け、民放はかなりいい加減ですが、NHKのアナは割とこの法則を守っているようです。一般の人？　どうぞお好きに。ジュウ、ジュッ、ジッと、何でもありだと思います。

「訓読み」の〝訓〟は、音読みであるという。うむ、そう言えば……。

「忙しい」の〝忙〟は、心を亡くすと書く。では心を生かすのは何だろう。

そう「性」なんです。

女中に中井という名の人がいて、八木さんという名の執事がいる。どっちなんだ？大した意味はありません。ま、仲居、羊、山羊という……。

「白砂青松」

大変だ。ずっと〝ハクサセイショウ〟と読み、方々で喋ってきた。今辞書を引いたら〝ハクシャセイショウ〟とあったのだ。ああまたやっちまったぜい！

新友――親友――心友――信友。

友人関係は順調にいくと、そう変化するそうです。そう言えば「腹心の友」もいましたね。普通「腹心の部下」という風に使うと思うのですが。

創作四字熟語というのがあるらしい。世間を反映させ、パロディを創作するもので、ちょっといいなあと思うものを三つ。

「利息三文」

「震傷膨大」
「一指操電」

ビリがトップに【スポーツいろいろ】

イギリスの過激なサッカーファンをフーリガンと呼びますが、反対語があるそうです。デンマークの、サッカーを静かに品よく楽しむ集団で、その名も「ローリガン」。響きも穏やかです。

サッカー・ワールドカップ、アジア予選の対イラク戦、本田圭佑選手は惜しくも得点ならず、しかしインタビューで妙なことを口走った。
「ゴールはケチャップみたいなもの。出ないときは出ないし、出るときはドバッと出る」

うーん、わかるような、わからないような。マヨネーズじゃダメ？

セルジオ越後氏いわく、「台風の前の静けさですね」。
セルジオさん、やっぱそこは嵐でしょ。

岡田武史氏は、御存知サッカーの元日本代表監督。オカちゃんの愛称で知られていますが、講演活動もやるそうな。そしてあるとき、持ち時間をわずかに超え、腕時計を見ながらこう締めくくったという。

「ロスタイムは三分でした」

このひと言がその日、一番ウケたとか。

「ボルトめがけ、ボトル投げる」

ロンドン五輪、男子百メートル走決勝、スタート直前にそんなことがあったそうな。その折の新聞の見出しです。思い出しましたか？

「ヤクルトみるみる7連勝」の活字がスポーツ紙に。アハハ、どう見たってヤクルトミルミルのダジャレですよね。

「○×九段、タイトル奪取に王手」

囲碁のタイトル戦の記事にそんな見出しをつけた記者がいるという。デスクからカミナリが落ちたそうですが、あえてやったとすれば、なかなかのシャレ者です。

「惜しくも十七位」

同じくロンドン五輪、某アナが女子マラソンにおける日本人選手の成績についてそう伝えました。十七位って惜しいですかね。談志は生前よく高座で言ってました。「何が十七位だ。十七グライと言え」と。そう、ぐらいなんです。

「この選手は身長百九十一センチと小柄ながら……」

NBA（全米プロバスケットボール協会）の中継アナのひと言にビックリ。NBAってガリバー王国？

女子バレーのユニフォームの肩に、「サロンパス」と貼ってあった。そうです、肩にCMなのです。

インカレ。

男子百十メートルハードルの選手に〝モーゼス夢〟という名を発見。スゴいです、〝モーゼス〟と〝夢〟なんですから。名前に目を奪われ、成績は忘れました。

アナウンサー。

「最後のラストスパート」なる言葉は不滅ですね。第四十五回大学駅伝でも、そう言ってました。その後も途切れることなく、今に至るまで。だからぁ、何度でも言うけど、最後でないラストがあるかってぇの！

ゴルフの解説でお馴染みの戸張捷《とばりしょう》、得々としてこんなことを。

「セント・アンドリュースはリバプールに近くて、リバプールはビートルズ発祥の地でして……」

発祥って戸張さん、ビートルズは人ですよ、人。なんか湧いたみたいに。

「あのほら、自動車競走がありますよね」

「もしかしてF1のこと？」

「そう、それ」

そう、それと言ったのは徳光和夫氏、さらに話は続きます。

「で、ほら、お嬢さんが傘持ってきますよね」

「レースクイーンです」

「そこでサインしてもらったんです、自動車競走の運転する人に」

わかったのは結局、徳光さんがアイルトン・セナからサインをもらったということでした。徳光さん、レースに疎いにも程があるよね。


F1中継。

「青色吐息でピットに戻ってきました」

ここは青息吐息でしょうね。もしくは〝桃色吐息〟のシャレか？

「よくハードルが上がると言うが、ハードルは上がったり下がったりしない。ハードル競走では基準が決まっていて、上がるのは、棒高跳びや走り高跳びのバーである」

陸上競技の専門家がそう言ったのですが、そりゃそうだけどと思いつつ、一方で納得しました。正論ですものね。

ニュージーランドの女子砲丸投げ選手にV・ビリなる選手がいて、アナ氏は期待に応えて言ってくれました。

「この投擲《とうてき》で、ビリがトップに立ちましたァ」

「男性のタマを恐がらないで、前に出たいと思います」って、ビックリさせないでよ潮田玲子さん。何のことかと思ったら、バドミントン、混合ダブルスについてでした。

「浅い川も深く渡れ」

剣道の達人がそう言いました。油断するなということだそうです。

春夏秋冬【珍名・名前にまつわる話】

ミステリー作家に「日明恩」という名の人がいる。『ロード&ゴー』がヒット作だが〝タチモリメグミ〟と読むんだそうな。日明恩でタチモリメグミなんです。納得できなくてもそう読むんです。

「ろくでなし子」

そういう名の漫画家がいます。もう一つの肩書を〝デコまんアーティスト〟と言い、何だかエロいことのようです。裁判で更に知名度を上げました。

「一十三十一」と名乗る女性シンガーソングライターがいるという。〝ヒトミトイ〟と読むんだそうな。

「ワシャモノタリン」

そういう名の競走馬がいるとか。成績はあまりよくないんでしょうね、モノタリンですから。

犬の名前。
「チョコ、ココ、マロン」
ベストスリーだとか。シロ、ポチ、ブチはいずこ……。

柳家小三治は犬を飼っているが、その名は「猫」であるという。

恵子、知子、好子。
今の小学生はそれらをメグコ、シルコ、スキコと読むという。最近、キラキラネームと言いますか、あまりにも突飛な名前が増えたため、そっちが普通になってしまい、従来の名前が読めなくなってしまったのだとか。

ＡＶ女優。

その名を〝小島遊恋〟という。タカナシレンと読むそうな。

〝月見里〟という名の人から名刺をもらった。「ツキミサトさん?」と問うと、「いえ、ヤマナシです」との答え。しばし字面《じづら》を眺め、意味を理解した。月がよく見えるのだから周囲に山はない。それでヤマナシ……。

「正解です」とヤマナシさんに褒められました。当然珍名談義に。やはり「タカナシさん」が出る。〝小島遊〟と書いてタカナシ、鷹なし。だから小鳥が遊ぶシャレの効いた珍名の双璧として意見が一致しました。

「春夏秋冬」

〝ひととせ〟と読むんだそうな。実際にある名字であるかどうかは不明だそうな。

ついでに、ひと文字の名字を。

算——かぞえ

二——したなが

舳——みかずき

九――いちじく
中――あたり
隣――ちかし
前――すすめ

じいっと見ていると、意味が伝わってきます。隣りは近し、前へすすめ、という風に。二の「したなが」は見たまんまですね。

売り出し中の春風亭一之輔《いちのすけ》。冷蔵庫が壊れたので修理を頼むと、やってきたのは霜鳥《しもとり》という名の人だったという。霜取だったら出来過ぎですが。

テレビで花火の爆発事故を扱ったが、解説に出てきた人の名前と、その肩書がすごかった。

「丁 大玉」

名字はテイとお読みするんでしょうが、名前の大玉《タイギョク》に説得力があります。何しろ花火の事故についての解説なのですから。

「足利工業大学燃焼爆発工学准教授」。これが当時の肩書です。現在は教授とのことですが、まさにうってつけの人材で、このニュース、実によく伝わりました。

織田と明智。

男子フィギュアスケートの織田信成選手が現役時代、一杯飲《や》ってバイクに乗り、謝罪をしたことがあるが、何と彼の運転を見とがめた警察官の名が明智であったという。

ホントかな。

朝日新聞の社員に、朝日という名の人がいるそうな。まさに天職？

有吉弘行。

アリヨシヒロイキと戸籍上は読むのだとか。父親が届けを出すとき、酔っ払ってて間違えちゃったんですな。でも父親はそれをなかったことにして〝ヒロユキ〟と呼んでるんだそうです。

昭和三十六年生まれの三谷幸喜の名、〝幸喜〟は、当時全盛だった横綱・大鵬《たいほう》幸喜からきているという。

小松左京の〝左京〟の由来は、「左がかった京大生」ということだそうな。

珍駅名。

埼玉県の秩父鉄道に「小前田」という駅がある。〝おまえだ、、、〟と読むのだが、車内の電光掲示板を初めて見た人はドキッとするという。こう出るのだ。
「次はオマエダ」

岐阜県美濃加茂市には、ＪＲ「みのもんた」なる駅があるという。
漢字では「美濃文田」なのだが、構内の看板には大きく「みのもんた」とあり、例の息子の事件直後は、写真を撮る人が急増したとか。

計画はスッパイした【デーブ・スペクター】

デーブ・スペクターは震災の折、テレビでこう言った。

「アメリカ人がたくさんのマスイを持ってきます」

そうか、怪我人用の麻酔かと思ったらさにあらず、続けて「五十万ガロン」と言ったので、真水《まみず》のことだとわかった。誰もツッコまなかったところをみると、マジで間違ったらしい。

暮の成田空港にデーブ・スペクターがいて、レポーターがマイクを向けた。

「どちらへ？」

「ロス」

「何しに？」

「タイガー・ウッズを探そうと思って」

「他に目的は？」

「英会話の勉強かな」

「は？」

「でも向こうは外人ばっかりだからなあ」

いつでもサービスしてくれるねこの人は。


デーブ・スペクターが渡米し、マイケル・ジャクソンの取材を敢行、それを詳報したのだが、スタジオの宮根氏、

「なんでそんなことまで知ってるの」

と質問。するとデーブ、

「英検一級なもんで……」

実はデーブ氏、様々な情報を『東京スポーツ』から得ているという噂も。


アメリカの銀行に勤務していたアンナ・チャップマンがロシアのスパイだと発覚し、デーブ・スペクターは張り切った。

「計画はスッパイした。アンナがあったら入りたい」

べタなダジャレでしたが、けっこうドヤ顔でした。

ロシアのボリショイ・バレエで、スキャンダルが吹き出した。某プリマが「役が欲しかったら体を提供しろと幹部に言われた」と告発したのだ。

これを報じたデーブ・スペクター、いつものようにダジャレで締めくくった。

「大ピロシキを広げて、墓穴をボルシチ」と。いつもよりマシだった。

増毛《ぞうもう》すいません――by デーブ・スペクター。板東英二記者会見の折のダジャレ。

アントニオ猪木が猪瀬都知事にエール。

「現金ですかっ!」――by デーブ・スペクター

ゴハ様、イクラ様【隠語、符丁】

私は電車で家を出てタクシーで帰るという暮らしを長く続けています。仕事だけではなく、酒の都合でどうしてもそうなるのです。若き日は飲み明かし、始発電車で帰ったりもしたのですが、最早その体力はありません。結果、タクシードライバーから様々な情報提供を受けるわけです。この業界、ホント隠語や符丁《ふちょう》が多いんです。本部との無線交信はほとんどこれです。

「工事中です」——警察が取り締まりをやってるよということ。
「本工事中」——一斉取り締まり、より厳重に注意をということ。
「落下物」——これは意外でした。ネズミ取りのこととか。
「調整」——食事休憩のこと。なるほど調整しますね。
「青タン」——深夜の走行。そう言えば東京の場合、割増のランプは青（緑）ですな。
「お化け」——ロングの客ですね。一気に数万円走るような。
「新婚さん」——短距離、ワンメーターの客。衣装が重く、わずかな距離でも利用するから。

「わかめ」――回送のこと。海藻のシャレです。

「ゾンビ」――これは上手いです。あちこちで客が手を挙げている状態をそう言うのですから。

「大きな忘れ物」――これは前にも書いたと思いますが、復習しましょう。強盗のことです。然《しか》るべきシグナルを発しているはずですから、見かけたらすぐ通報しましょう。


タクシーの〝空車〟のランプは有名です。それを頼りに手を挙げるわけですが、〝回送〟や〝迎車〟のランプにはガッカリです。

そこに〝SOS〟の表示が加わったとか。タクシー強盗にあったときなど非常時用ですが、「通報お願いします」ということですな。

都会では法律で決められた文字以外を表示できないそうですが、規制の緩い地方では冠婚葬祭時に〝仏〟や〝寿〟などと表示するタクシーやハイヤーが見られるとか。

符丁と言えば、売り子さん同士が客にわからぬよう囁き合うことがあります。「あ、ゴハ様」との声を聞きました。五《ご》×八《はち》は四十。ゴハシジュウ。つまり〝しじゅう来る客〟の意だと、囁きで教えてくれました。

「イクラ様」もちょっと面白かったですね。ねえこれイクラと聞いてばかりで、買わない客のことだそうです。どうぞ陰で言われませぬように。

「UUU」

スチュワーデス、エアホステス、キャビンアテンダントと名は変わってきましたが、彼女たちが「UUU《ユーユーユー》」と口にしたとき、あなたは嫌われています。クレームの多い客をそう呼んでいるのです。つまり、ウルサイウルサイウルサイと言っているわけです。ま、引きずり降ろされないだけでもマシと思わなくちゃね。

「内引《うちび》き」

客がやると「万引」ですが、従業員がやることを「内引き」と言うんだそうな。なんか内々にすませるというニュアンスがありますね。

弁護士いろいろ。

居候弁護士を〝イソ弁〟と呼ぶのは知ってましたが、今ではこんな弁護士も。

「ノキ弁」

イソ弁は事務所に居候するのですが、そこまでいかない軒先を借りる弁護士。

「ケー弁」

はい、事務所を持たず、居候も軒先を借りることもせず、ケータイ一本で仕事をする弁護士のことだそうです。

大変なんですね弁護士も。さ皆さん、訴訟を起こしましょう。

「サンズイ事案」

警察用語で汚職事件のことだとか。汚職の「汚」がサンズイだからだそうです。

「こんにゃく・レンガ・座布団」

これ、森友学園の問題で一気に知られましたね。鴻池議員が説明したんです。順にいきましょう。政界ではこんにゃくが百万円（そう言えば、そんな形です）、一千万円がレンガ（うーん、分厚い）で、一億円を座布団と言うんですね。はい、『笑点』のことではないんです。一億円の札束を並べ、真空パックにすると座布団の形になるんですな。

「あそこにはどれくらい？」

「そうだな、座布団三枚持ってけ」

そういう風に使うんだそうな。山田クーン、座布団ちょうだい！

「しょっぱい」

相撲用語。弱い、さみしい、ケチ、粗末、セコい等々、ネガティブな言葉だそうな。因《ちな》みにプロレスラーも使うそうで、力道山をはじめ、相撲出身者が多いからですね。

「初鳴き」

アナウンサーが初めてアナウンスすること。大変な競争率の入社試験を突破し、厳しい研修を経てのデビュー。それを「初鳴き」と言うんですね。感じが出ています。

初高座、初舞台より響きがいいのではないでしょうか。

ブルペン選手【天然ボケ芸能人】

三宅裕司のカミさんはネタとして成立している。ガソリンスタンドでこう言い放った。

「マソリンガンタン」

もちろんガソリン満タンと言いたかったのである。

歯科医で、「口紅を拭いてください」と言われ、口笛を吹いた。

通販の会社と電話でやりとりした。

「お名前は?」

「三宅○○です」

「どんな漢字でしょう?」

「そうね、一見マダム風かな」

漢字と感じを間違えた結果である。

千原ジュニアが祝電を打とうと受話器を取った。文面は伝わったが、名前がどうしても通じない。

「千《せん》の原《はら》で千原、下はジュニアです」

「ジュンヤ様ですね。千原ジュンヤ」

「いえ、ジュニアです。ジュ、ニ、ア」

そんなやりとりの挙句、先方には〝千原純也〟として届いたという。

野球オンチの清水ミチコが言った。

「ブルペンという息の長い選手がいますよね」

「高野連《こうやれん》の本部は高野山《こうやさん》にあるの？」

「なぜそう思う？」

「だって選手が皆、坊主だから」

元フジテレビアナの大橋マキ。

「ウチュウカンのヒットって宇宙まで飛ぶんですか？」

だから〝右中間〟だっちゅうの！


「今日はたくさんの能書《のうがき》をありがとうございました」

今や芸農人の一人の杉田かおる、かつては相当の天然であった。旅番組で共演し、様々な知識を渡辺文雄氏（俳優、故人）に伝授され、礼のつもりでそう言ったのだ。

これには渡辺氏もさすがに呆れ、ひと言「勉強しなさい」と言ったとか。

郷ひろみいわく、

「十三世紀、チャカ・カーンがモンゴル帝国を築いた」

チンギス・ハーンと言いたかったんですな。さすがは歌手。


吉本新喜劇でお馴染みの池乃めだかは、なぜかマッチこと近藤真彦と飲んだことがあり、それが自慢である。

しかしその夜、マッチは池乃めだかを終始〝うさぎさん〟と呼び続け、楽屋では、マッチが〝めだか〟と〝うさぎ〟のどこに類似点を見出したかが話題になっているという。

キャスターの辛坊治郎氏はナインティナインに向かって「岡部さん」と言ったという。岡村、矢部ともにハイと返事をしたとか。

また辛坊氏、ほんこん（お笑いタレント）に向かって「台湾」と言ったらしいのだが、ほんこんのリアクションは不明である。

地方で、ウド鈴木が不良にからまれた。

「ウド、おまえを一発殴ると仲間から百円もらえるんだよ」

するとウド鈴木、

「もうひと声」

黒柳徹子、佐賀ネタで売ったタレントのはなわに向かって、

「ねえハニワさん」

森三中の某に向かっては、

「あなたが主役のブス？」

夜間に移動し、精進湖《しょうじ》ほとりの宿で目覚めた黒柳徹子、窓を開けると湖面にクッキリ映る大きな山に驚いた。そこで折よく入ってきた仲居に訊いた。

「ねえ、この山きれいねえ。何という山？」

以来この宿では、客に必ずこう言うとか。

「黒柳さんは富士山を知らないんですよ」と。

楠田《くすた》枝里子のアナウンサー時代のこと。ある日、風邪を引いて咳が止まらなかった。ここはカフのオンオフの操作を巧みに行い、ニュースを乗り切ろうと考えた。

咳が出たらすかさずオフにする。咳がおさまったらオンにしてニュースを読む。この繰り返しを試みたわけだが、操作を逆にやってしまい、茶の間には楠田枝里子の咳だけが届けられたという。

クルリン巻【天然ボケ芸能人　クイズ編】

クイズ。

「〝メロスは□した。〟この□を埋めなさい」

恋をした——石田純一。いっせいにツッコまれる。

走り出した——アンガールズ。なぜか二人とも走り出したでしたね。ま、結局は走るんですがね。それだけです。

「世界最大のエイ、〝オニイトマキエイ〟は、一般に何と言う？」（正解は〝マンタ〟）

そんなクイズに里田まい、

「エリマキトカゲ」

「違う」

「じゃ、カレイ」

「ニュートンが発見したと言われる引力は、正確には何と言う?」

またしても里田まい、

「吸引力」

スゴいな、吸っちゃうんだ。


「『以ての外』、これは何と読む?」

すると山田親太朗、

「イテノガイ」

これは意表を突かれました。そうですか、そうきますか。イテノガイですか。


「シャリの上にウニやイクラをのせ、海苔で囲った寿司を総称して何と言う?」

すると辻希美、

「クルリン巻」

可愛い。今度そう言って注文してみよう。

スザンヌ。

可愛いオバカ。それを売りにしてましたねこの人。その全盛時、〝富国強兵〟を〝トミオカキョウヘイ〟と読んだときには驚きました。人名と思ったわけで、柴田キョウヘイと同列にしたんです。

同じくスザンヌ。中学生の頃、本田技研を都道府県名と思っていたとかで、本田技県、もうこうなると天晴れですね。

その後、プロ野球選手のS氏と結婚、出産を経験しましたが、別れてしまいましたね。残念です。

「黒船に乗ってきた人の名は？」

そんなクイズにほしのあき、

「リア・ディゾン」

もう、ちゃんと答えてほしーの！

どうです、三浦皇成《こうせい》騎手との生活は上手くいってますか？

松嶋尚美《なほみ》。

「結局、千代大会って誰が優勝したん？」

大関・千代大海のことをさも知ってるように話し出し、ついに放ったひと言。

松嶋尚美「このひき肉をミンチにしてください」

精肉店主「ヒキ肉はミンチだよ」

「ツイッターをご存知ですか」

と聞かれた上島竜兵、

「双子だろ」

なるほど、そうきますか。

出川哲朗。

「オレって意外と英語ペロペロ」

意味不明なので次へいきます。


「東西冷戦て、何ですか？」

そんな設問に、元モー娘の矢口真里、

「はい、東と西の冷たい戦争のことです」

ま、確かにその通りなんですが。


「珍獣に興味ありますか」との問いに岡江久美子、

「家にバク（貘）を飼ってます」

「レンタルボックスに入れるとすれば何？」

との質問には、

「旦那」

大和田貘は幸せ者と言えるのかどうか……。

釈迦に念仏【天然ボケ　街の人々】

調味料の「さしすせそ」の話です。

さ＝砂糖、し＝塩、す＝酢、せ＝せいゆ（醤油）、そ＝味噌。それが「さしすせそ」なんだそうですが、クイズで〝そ〟はと問うと、必ず〝ソース〟と自慢気に答える人がいます。

みそのそ、頭ではわかっていても、反射的にソースと言ってしまうんです。はい、あなたは悪くありません。

「これ、B4でコピーお願い」

しばらくして戻ってきた新入社員、

「あの、このビル地下二階しかないんですけど」

B4を地下四階と解釈したわけですね。某社で本当にあった話だそうですが、あちこちの会社でありそうですね。

「待ち合わせ、どこにする？」

「いつものオイオイの前で」

「？？？」

よく考えたらマルイの前だった。〝ＯＩＯＩ〟をそう読むか⁉


コンビニで冷し中華を買ったら、レジの女の子に真顔で「あたためますか」と言われたのは私です。仕事に身が入ってなかったのね、きっと。


教室にて。「次の○○を二文字で埋めなさい」と、先生が板書した。

「○○を忘れたカナリア」

「腐っても○○」

それぞれ〝ウタ〟〝タイ〟が正解だが、〝ワレ〟と〝食う〟との答えが複数あったという。

「釈迦に念仏」と言ったヤツがいて、「説法だよ、本家に念仏聞かせてどうすんだ」と、みんなにツッコまれてました。

研究発表のテーマにキューバを選び、勉強を重ねていたが、ついうっかりカストロを「スカトロ」と言ってしまい、挫折した学生がいるという。

二流にスランプはない【名言　野球】

野村克也氏も言うことが面白いですな。楽天イーグルスの監督時代、田中将大《まさひろ》投手が好投するとたちまち持ち上げたもんです。

「マー君、神の子、不思議な子」と。

そして期待に応えられないと、コロリと変わるんです。

「マー君、親の子、普通の子」と。

選手はたまったもんじゃないでしょうが、見ている分には面白かったです。プロを感じますからね。

「二流にスランプはない」

あの野村克也氏の言葉です。なるほど、一流になってから言えということかと感心。次のアナ氏の質問「CS（クライマックスシリーズ）についてひと言」には、シレッと「クソッタレシリーズのことだよ」と言った。やるなあ、ノムさん。

「永井は短い」

楽天イーグルスの永井怜《さとし》投手、西武戦に完投勝利。しかも試合終了は九時前という早さ。で、ノムさんがコメントしたわけです。もちろん〝長い短い〟のシャレです。

「ホアスト」

野村克也氏が解説に出てきてそう言ってました。ファーストのことらしい。この世代独特の言い方ですね。バントをバンド、デッドボールをゼットボールと言ったりします。

野村克也氏いわく、

「オレは野球をやっている。長嶋茂雄はゲームをやっている。野球はゲームには負けられない」

長嶋茂雄氏。

リンゴを餌に育ったという牛のシャブシャブを食し、「道理でアップルですね」。

同じく長嶋氏。

たぬき蕎麦を食うと言いながら蕎麦屋に入り、店主が「たぬきには蕎麦とうどんがある」と言ったら、「うどんね」。

ロス五輪に赴いて、「うーん、カリフォルニア・デイですね」。

「権藤、権藤、雨、権藤。雨、雨、権藤、雨、権藤」

かつて、中日時代の権藤博投手は、そんな出ずっぱりと言っていいほどの使い方をされ、二年で百三十試合に登板したそうな。

それぞれ三十五勝と三十勝を上げ、十五勝でドヤ顔をする今の投手に爪の垢《あか》を煎じて飲ませたいぐらいです。それにしても投手の起用法は変わりましたね。

「東北地方　太田幸司様」

当時、それでファンレターが届いたそうな。覚えていますか、太田幸司投手。凄まじい人気でしたよ。

徳光和夫氏いわく、

「名人と言うより巨人」

先代三遊亭圓楽師の死の折に。さすが筋金入りの巨人ファン。

「いぎなり、まぼいぜ！　東北の誇り楽天球団」

楽天イーグルスの応援ポスター。「いぎなり、まぼいぜ！」とは、「スゴい、カッコいいぜ！」の意だとか。

広島カープ。

監督にブラウン、選手にフィリップスがいて、その時代〝ヒゲソリコンビ〟と言われた。

「野球賭博はやったことがない。賭けてもいい」

在阪球団の某選手がそう言ったとか言わないとか。

「NGO」

中畑清のキャッチフレーズです。人情と義理と思いやり。

元プロ野球選手の石井浩郎氏、かつて歌手の岡村孝子と結婚してたことは有名ですが、破綻が決定的となったとき、こう言ったんですねえ。

「人魚かと思って釣ったら、ホオジロ鮫《ザメ》だった」。スゴイわねえ。

王貞治に「〝世界の〟王」と冠がつくのは誰しも納得するところだが、野球ファンに言わせると、その先があるのだという。

「世界の王　アジアの張本　東海の原」と続くんだそうな。

「マエケン」と言えば、御存知、元・広島カープのエース前田健太のことです。彼がこんなことを言い、グッときました。

「カープで前田と言えば前田さんのことなんです。だから僕はマエケンになったんです」

前田智徳選手の引退に際し、そう言ったのです。何よりの餞《はなむけ》の言葉ですよね。

もっと使わせろ【サラリーマン】

サラリーマン川柳。

よく生保会社などによるベストテンが発表されますが、世間の口に上ったものには面白いものが多いですね。いくつかを。

「指舐《な》めて　ページをめくる　アイパッド」

「何になる？　子供の答え　正社員」

「久しぶり　名前が出ぬまま　じゃあまたね」

「クレームも　社員じゃわからん　パート出せ」

「ときめきは　四十路《よそじ》過ぎると　不整脈」

毎年、時代に合ったものが出るわけです。

某社の重役いわく、

「今の時代、女子社員を褒めればセクハラ、叱ればパワハラと言われ、私は一体どうしたら……」

ごもっとも、心中お察しいたします。

「感動をありがとう」
「元気をもらいました」
「癒されました」

これが三大ひと言感想文だそうです。これを使う人に気をつけましょう。ものを考えない楽をしている人ですから。

「アドバイスさせていただきます」と大型量販店。

アドバイスはするものであって、させていただくもんじゃないだろう。「アドバイスします」、もしくは「アドバイスいたします」でいいと思うよ。下手《したて》に出てはボロを出すね、あなた方は。

「勉強させていただきました」

プライドの高い、若手社員の謝罪の言葉だそうです。決して「申し訳ございません」「すみませんでした」と言わないんだとか。自分が傷つかない、都合のいいフレーズです。

某化粧品のコマーシャルに「自信があるから電話しません」というのがある。これを繰り返し聞かされるうち、「やっぱり電話したいんだろ?」と思ってしまうのはなぜ?

変換ミス。

「ご提案に意義はありません」

そんなメールを送り、先方の会社を激怒させた人がいるそうな。当人は同意したつもりだったのですが、〝異議〟を〝意義〟と誤変換したわけです。そりゃ怒りますよね。

「雨ニモ負ケズ　風ニモ負ケズ　雪ニモ　夏ノ暑サニモ負ケヌ　丈夫ナ体ヲ持チ　欲

ハ無ク　決シテ怒ラズ　イツモ静カニ　笑ッテイル　ソウイウ人ニ　仕事ヲ丸投ゲシテ帰リタイ」

こんなパロディを発見。いや残業のつらさがよく出ています。

ラーメンのチェーン店、日高屋の社長がテレビで笑ってました。儲かっているとかで、チェーン店舗数はもうすぐ三百店超えだそうな。「まあまあの味」というキャッチフレーズも粋です。

で、笑って言うには〝小判鮫戦略〟についてです。日高屋のあるところ、必ず隣、または近くに牛丼屋かハンバーガーショップがあります。しかも駅前で、こうした場所で商売をしようという人は、乗降客の数をはじめ、リサーチに時間とカネをかけるそうな。

「そんな店の隣に出すんですからリサーチ代が浮きます。はい、これを〝小判鮫戦略〟と言うんです。ワッハッハ」

一九七〇年代、日本を代表する某大手広告代理店の戦略十訓を紹介します。

一、もっと使わせろ
一、捨てさせろ
一、無駄使いさせろ
一、季節を忘れさせろ
一、贈り物をさせろ
一、組み合わせで買わせろ
一、きっかけを投じろ
一、流行遅れにさせろ
一、気安く買わせろ
一、混乱をつくり出せ

恐れ入りました。なるほど道理で、ねえ。

ところで自殺者を出してますけど……。それで戦略十訓も撤廃しましたけど……。

「フリ」と「コナシ」【芸能界いろいろ　その1】

一億円拾った男として有名になった大貫久男さん（享年六十二）の孫が、お笑い芸人をやっている。タカダ・コーポレーションのツッコミ大貫幹枝で、なかなか可愛い。芸人としてはいまひとつだが、よく財布を拾うという才能で注目を浴びている。これまで約二十コ拾ったが、なぜか大金は入っておらず、〝微妙な遺伝〟と言われている。

お馴染みのヤフーをヤホーと間違える漫才コンビのナイツ。ネタでカール・ルイスとパールライスを間違えたら、何を思ったか、全農からパールライス一年分が届いたという。

これはいけると張り切り、「頭角をあらわす」を「牛角をあらわす」と間違えたら、牛角（焼き肉チェーン店）から食事券が送られてきた。で次は「パンツ」を「ベンツ」に間違える予定なのだという。

ここまではよかったが、「青山テルマ」を「青山ブルマ」、「エグザイル」を「Lサイズ」と間違えたときには、ファンから苦情が殺到したってんですがね……。

漫才はボケとツッコミという役柄に分かれるが、それがコントでは「フリ」と「コナシ」という言葉に変わるそうな。萩本欽一が言っていた。

談志の盟友、ジジババのアイドル毒蝮《どくまむし》三太夫。金太郎飴を真似て「三太夫飴」を作った。

「オレをナメるなよ」と、そのひと言が言いたくて、配り歩いているという。

「男同士の旅を珍道中、女同士の旅を漫遊記と言う」

お馴染みケーシー高峰先生のギャグです。いやあ懲りない先生です。ご立派！

ケーシー高峰先生が某女優に渡した名刺の裏には、こう書いてあったという。

「お暇でしたら〇〇〇しませんか」

あ、あ、あまりにも大胆な……。

お笑いコンビのおぎやはぎがビートルズの扮装で出てきて言った。

「どうも、ポンとジョールです」

ポールとジョンと言いたかったのは明白ですな。狙ってますしね。

役所広司のコマーシャル「ダイワハウチュ、」って面白いですかね。スタッフが狙ってるのはわかりますが。

笑福亭鶴瓶は人気がある。新大阪駅で、「あっ」とオバちゃんが鶴瓶を発見。で、オバちゃん、千円札を出すと「これくずして」

偉いのは鶴瓶で「五百円玉入っていい？」

「よお鶴瓶、今日はチンチン出してないんか」

笑福亭鶴瓶は、今でも通りすがりのオッちゃんにそう言われるという。一度ついたイメージというものは……。

「お噂はカネがねえと聞いていた？」

借金の件で小堺一機が「お噂はかねがね……」と言ったら、さだまさしはそう返したという。

ジミー大西は今や立派な画伯であるが、かつて明石家さんまの運転手をしていた。

ある日、移動中、ジミーは駐車している車の後につけ、こう言ったという。

「渋滞です」

いたずら心を起こしたさんま、

「見てみい、前の車の運転手、クビがないでえ」

その途端、車内にジミーの悲鳴が響き渡ったという。

特異家出人【芸能界いろいろ　その2　事件編】

「特異家出人」

私はのりピーが失踪したことによってこの言葉を知りました。

のりピー騒動の折、寿司屋にも異変が起きました。

「トロを炙《あぶ》って」

「ヘイ、アブリ一丁」

このアブリに周辺が反応し、他の客の視線が集まるのです。そのアブリが銀紙にのって出てきて、おまけにストローが添えてあり、客はそれを「マンモスうれピー」と言って食う……。ウソウソ、アブリに周囲の客が反応するまでが本当で、あとはその折に私が作ったギャグです。当時、けっこうウケました。

「この度、芝居の大役をいただきまして……はい、ヘロイン役です」

のりピーの復帰記者会見です。はい、私が悪意を持って作りました。のりピー、ごめん。

「さかなクン、尿管結石で入院」

さすがはさかな博士ですね、イシモチだった⁉

ブラザー・コーンが活動再開の折。

ライブをやったそうでまずはめでたいのですが、今度捕まったら、

「オリオリオリオリヨー、檻檻檻よー」

「天国へ飛びます飛びます」

坂上二郎氏の死を報じるスポーツ紙の見出し。オハコのフレーズを持ってきたわけで、ピッタリでしたね。

ＪＲＡでお馴染みのほしのあき、「オークションサイトで商品の落札をした」と虚偽の宣伝をしていたことが発覚。

これからはＪＡＲＯ《ジャロ》が相手か。うーん、考えオチ……。


玉置浩二、妻・青田典子のセミヌードをプロデュースとのニュースの折。

「なるほど、フルヌードはいけないけど、セミヌードなら安全地帯か」と楽屋雀。


「長年カツラを愛用し、これは経費で落ちた。しかしカツラは面倒なので植毛にしたが、これは美容整形と同じ扱いで経費では落ちなかった」

脱毛、いや脱税に関する記者会見で、板東英二氏はそんな言い訳をしたわけですが、この話を聞いた小倉智昭氏は不快感を表明したそうな。


メガネベストドレッサー賞に、若手女優の剛力彩芽が選ばれた。別に選ばれても構わないが、インタビューには笑った。

「まだメガネをかけたことないんですけど、ありがとうございます」

かけたことねえのかよとツッコんだわけですが、久々に松本伊代を思い出しましたね。自著出版の折、本の内容を聞かれ、伊代ちゃんはこう答えたのです。

「まだ読んでないからわかりませ──ん」

「世の中の真理は不公平なものですから、それはそれで仕方ないのかなと……」

ホリエモン（堀江貴文氏）が実刑を食らって。いいこと言うなあ。


「棚からボタ餅どころか、棚から本マグロでございます」

中島みゆきが紫綬褒章《しじゅほうしょう》を受章して。


二十四時間テレビにて。

「普段は一発三十万円だが、今日はタダでやってやる」

おやおや大胆なことをと思ったら、アントニオ猪木が有志にビンタを食らわしてましたとさ。


ゲイの世界。

オカマさんとひとくくりに言えたのは昔のこと、今や〝女装家〟〝おネエ〟〝ニューハーフ〟と呼び方も細分化し、何が何だかわからない。

タレントのはるな愛に言わせると、総称がゲイ、その上で女性と男性にカテゴライズされるのだそうな。はるなの仲間にはカルーセル麻紀らが該当し、正反対の男性なのがおネエで、代表格がおすぎとピーコなのだそうだ。

マツコ・デラックスやミッツ・マングローブらは男と女の中間に位置し、女装家の扱いなのだという。そして楽しんごは、このおネエと女装家の間に入るらしいのだ。

何だか余計にこんがらかった気もするが、では教育評論家の〝尾木ママ〟はどこに入るのかという問題が残り、混迷は更に深まるのです。ま、どうでもいいことでもありますが。

はるな愛いわく、

「四月四日のオカマの日にはオカマさん大集合、みんなでカマ飯を食べます。具はカマボコとカニカマでーす。で翌日は残りを海苔で巻いて食べるんです。これをカルーセル巻（麻紀）と言います」

「家事手伝い」

生前の横澤彪《たけし》氏からもらった名刺の肩書にそうありましたっけ。粋な方でした。

歌手のプロ魂。

歌手は歌詞が飛ぶと、つまりド忘れした場合、マイクのせいにするという。突如クチパクをやり、首をかしげ、マイクが故障した風を装うのだ。

草刈機まさお【商品名　その1】

「振加毛」

振加毛と書いてフリカケと読みます。普通フリカケはゴハンの友ですが、振加毛は頭へふりかけ、遠目からはフサフサに見せようとする粉で、商品名もズバリ振加毛、いや付けも付けたり、お見事！

「コレストン」

コレステロールの数値を下げる薬の名だとか。コレステロールの数値がストンと落ちる。でコレストン。何だかなあ。

「ガラスに虫コナーズ」

「コバエコナーズ」

防虫剤ですが、〝来なーず〟なんでしょうね、きっと。

「モドラーヌ」

中高年用のブリーフとショーツの商品名だそうな。さて一体何がモドラヌのだろう。

大塚製薬の「ウル・オス」って、まさか〝潤す〟？

「不審船」という名のプラ模型があるそうな。さすが、目の付けどころが違いますね。

「シンドバット」

サンスター文具のシャープペンシルの名です。何と芯が四十本も入るとかで、つまり、芯、ドバッと入る。で、シンドバット。

「オ・レーヌ」

私もシャープペンシルを愛用し、本原稿もそれを使って書いているのですが、参りましたね、このネーミングには。まんまですから。芯が折れない、折れぬ、オ・レーヌ……。

「エコヒメ」

トイレでのあの音を消すための音を出す「音姫」なるトイレの装置がありますが、この度は「エコヒメ」です。エコですから、少量の水で効率よく流し、あの音も消してくれるんでしょうね。

「草刈機まさお」

キャニコムの製品に、そう命名された草刈機があるという。ネーミングの面白さと、機械としての優秀さで売れているという。

「芝耕作」という名の芝刈機もあるとか。島耕作のダジャレと思われます。

「立ち乗りひろしです」と名付けられたカートがあるという。ま、あっても構わないが。それにしても舘ひろし、歌さえ唄わなければいい役者だと思う。かつて主演映画

『青い山脈'88』を観ていたら突如唄い出し、悶絶したことがある。

「キャンドゥ」

そんな名の百円ショップがあるという。〝できないことはない〟との意味らしいが、もう一つ、ローマ字読みするとカンドウ、つまり〝感動〟なんだとか。百円ショップにするかね、感動を。

「有楽町イトシア」

この複合施設、歌謡曲「有楽町で逢いましょう」からきているという。〝雨もいとしや……〟

「Ｋｉｔａｃａ」

ＪＲ北海道のＩＣカード乗車券の名はＫｉｔａｃａ。北のカードでＫｉｔａｃａが「来たか」にも通じるという。

「SAPICA」

サピカ。札幌の地下鉄・バス・市電で使えるICカードのことです。

〝サッポロでピッと乗れるカード〟の意なんだとか。


回文。

「バリウム売り場」

アメーラ【商品名　その2】

「ゴパン」

三洋電機のヒット商品で、米からパンを作るホームベーカリーです。

小麦でなく米からパンができたらスゴいだろうな。ご飯から作るパンだから〝ゴパン〟ってなどうだろう。そんなダジャレを飛ばした人は多いと思われますが、実現してしまったわけです。

これは売れに売れ、入手困難を経て、すっかり定着。そんな経緯を辿ったようです。

「ツクツクモーチ」

〝搗く搗く餅〟というツクツクボーシのダジャレで、ホントにそんな名の餅搗器があるとは……。上方のりお・よしお両氏も本望でしょう。

「アメーラ」

高糖度トマトの名です。産地は静岡で、方言の「甘えら」から命名。大きさは普通のトマトの三分の一で、糖度は倍であるそうな。

「タタメット」

防災グッズを見ていたら、折りたたみ式ヘルメットに「タタメット」というのがあった。五千二百五十円だった。今は少し上がった？

「ＯＬＦＡ」

カッターの社名だそうです。そしてそのＯＬＦＡ《オルファ》は〝折る刃〟からきてるんだそうな。やっぱりねえ。

「かっとばし!!」と「すべりこみ」

折れたバットから作られた〝箸〟と〝靴べら〟のことだそうです。モッタイナイ精神が生きてますな。「あの選手がこの投手に折られた」などというドラマがあると、更にいいと思います。

桃屋の「ごはんですよ！」は旨い。これをソックリ真似たパッケージの商品があるという。それはコンドームで、「こんばんですよ」とのネーミングなのだそうだ。ウケました。

「ヒロポン」

商品名がバカバカしくって感心しました。疲労をポンと取る。それでヒロポンなんですって！　本当は違うと突っ込まないように。語源がギリシャ語のピロポノスにあることは知ってますから。

「この番組は非破壊検査株式会社の提供でお送りしました」って、すごいスポンサー名だなあ。

右肩上【相撲】

八百長問題に揺れる中、横綱・白鵬が献血をした。済んだところで某記者、笑顔で、

「どうでしたか、注射は？」

ニコニコしながらの質問ってのがいいですよね。わかる人にはわかるのですから。白鵬の複雑な表情といったら……。

宗教学者・島田裕巳《ひろみ》氏。

「大相撲が八百長なら、お中元は賄賂《わいろ》である」

その通り！

相撲取りにはたとえ不戦勝であっても、「いい相撲でしたね」と声をかけるのが角界のルールであるという。

初高座でトチリまくった落語家に、「よかったよ、上手くなるよ」と声をかけるの

と同じですね。

不戦勝で勝ち越しを決めた誉富士《ほまれふじ》、お約束の言葉をかけられると、ニッコリして言ったという。

「速過ぎて見えなかったでしょ」

アッパレ！

元大関・朝潮の高砂親方、実にいいキャラをしてますが、朝青龍引退の記者会見で記者の「どんな弟子でしたか」との質問に、彼を指さしてひと言で答えた。

「こんな弟子です」

「イチヤむくいる」

九重親方（元横綱・千代の富士）がテレビの解説でそう言った。一矢《いっし》のことだと思う。残念だなあ、あんなに早く逝《ゆ》くとは……。

例の八百長問題で窮地に陥っていた頃、当時の放駒理事長が記者会見で「……あらたにダカれてしまった問題で……」と発言。〝抱《かか》えた〟を〝抱《だ》〟と読んでしまったらしいんですね。緊張した挙句のことで、お気の毒でした。でも小さなネタをくだすったことに感謝します。

「右肩上」

ミギカタアガリと読む四股名《しこな》です。そのように出世するよう縁起を担いだ面白い四股名ですが、さて今どの辺にいるのでしょう。私が知ったのは三段目の頃ですが、まさか廃業ってことはないですよね。

気になってちょっと調べました。大丈夫、まだ現役です。幕下までいきましたが、現在は三段目にいます。改名して現在の四股名は電山博保《でんざんひろやす》です。応援しましょう。

『桐島、部活やめるってよ』

この映画、当たりました。対抗し、春風亭小朝師がこんなボケをカマしました。

「霧島、相撲やめるってよ」

元大関の霧島は、すでに平成八年に辞めてるんですけど。で今は陸奥《みちのく》親方なんですけど。ま、どうしてもキリシマが使いたかったと。

「巨人　大鵬　玉子焼」

名横綱大鵬・納谷《なや》幸喜氏が亡くなりました。強く姿のいい横綱でしたね。私もその一人でしたが子供のファンが多く、それで子供の好きなものとして、巨人、大鵬、玉子焼と言われたのでした。少し後の時代、では子供の嫌いなものとして登場したのが次の三つです。

「江川　ピーマン　北の湖」

江川の狡猾《こうかつ》さ、ピーマンのニオイ、北の湖は強過ぎて敵役となったのでした。

二度漬けお断わり【関西いろいろ】

大阪弁、神戸弁、京都弁。

関東の人間には同じようにしか聞こえないのだが、実は微妙な違いがあるらしい。あなたの仕事は何ですかという質問が、大阪では「自分、仕事何してんの？」となり、神戸では「あんた、仕事何しとうの？」と変わり、京都では「おたくさん、仕事何してはんの？」になるのだという。

かなり違うんですね。勉強になりました。

大阪弁は一文字を伸ばしますね。目が「メー」、手が「テー」、歯が「ハー」、毛が「ケー」と。私は毛がないから伸びないけれど。

シャベルとスコップ。

東京では小さいのをシャベル、大きいのをスコップと称するのですが、大阪は逆だそうだすな。知りまへんでした。

大瓶を、関西では「ダイビン」と言うらしい。すると小瓶は「ショウビン」か？　大阪でレモンサワーを頼んだら、「チューハイレモン」ならあると言われたし、レバ刺を「ナマギモ」と言うのには驚いたなあ。ナマギモは生肝であろうし、感じは出てるんですが、出過ぎのような気がするのです。

「ごちそうさん」「ありがとおおきに」「おいしかった」「またくるわ」この四語が使えて、初めて完璧な大阪人なんだそうな。そう言えば彼ら、言葉を惜しみませんな。

大阪の有権者は、候補者が「子供手当」と口にした途端、オバアちゃんが、「老人手当もくれや」と言い、隣のオッちゃんまでが、「中年手当もや」と果てしがない。しかも彼らと目を合わせたら最後、延々と言われるという。そこで候補者は、突っ込む間《ま》を与えず、言いたいことだけを言い、さっさと引き上げるのが演説のコツなのだという。恐るべし大阪。

大阪のオバちゃんに「お姉さん」と呼びかけると必ず振り向くという。

「五十までがお嬢さんで、五十過ぎたらお姉さん」なんだそうな。

「ぬけしゃあしゃあ」

大阪の漫才コア（今はシェーン）がそう言ったのですが、「いけしゃあしゃあ」を大阪ではそう表現するのだろうか。造語か間違いか?

大阪では手で銃の形を作り、通りすがりの人にバーンとやると、弾が当たったリアクションをほとんどの人がしてくれます。

その気になった郷ひろみ、大阪に乗り込んでそれをやったら、オバちゃんに撃ち返されたという。

「二度漬けお断わり」

大阪名物の串揚げ屋によくそう書いてありますが、そこにナーバスになることはないそうです。「それより油を褒めろ」と大阪の友人は力説するんです。「旨いと言うより、まず油や」と、友人はそうも言うのです。

「いい油を使ってますね。こんな上等なものを使って儲けは出るんですか?」そんなちょっとあざといぐらいの褒め方がちょうどいいんだそうです。無理に変てこな大阪弁を使う必要もなく、自分の言葉で褒めると効果大なんだとか。

大阪短縮弁。

「恵比寿様」――「えべっさん」

「イエス様」――「いえっさん」

「林さん」――「はやっさん」

「福本さん」――「ふくもっさん」

「お坊さん」――「おさん」(奈良・京都)

「白足袋にはさからうな」

京都にはそんな格言と言いますか、言い伝えがあるそうな。白足袋を履いてる人は京都を握っているということだそうで……コワ。

京都の居酒屋に「エレベーター」なる料理があるという。焼いた厚揚げに大根おろしが載せてあって四百五十円。つまりアゲ、オロシでエレベーター。京都の人もダジャレ好き？

地もぐり豆【方言いろいろ】

東京人、大阪人、名古屋人の三人が食事をした。

食事の終わり間際、東京人は「三人分の勘定を他の二人にわからぬよう、どう払おうか」と考え、大阪人は、「自分の支払い分はいくらか」と考え、名古屋人は「二人が払ってくれるだろうから、お礼の言葉」を考えるんだそうな。

ま、それっぽい話ではありますね。

「ウソ、コンビニで味噌売ってるよ。チョーウケルんだけど」

「普通、家で作るよな」

「そう、私もよく手伝うし」

名古屋のコンビニにて、某カップルの会話です。名古屋恐るべし。

東海地方には、様々な菓子があるそうな。それも朝昼晩と分かれて。

「朝のお菓子　浜名湖すっぽんの郷」

すごいですねえ、朝からすっぽんです。

「昼のお菓子　えび汐《しお》パイ」

これは後に〝しらすパイ〟になったとか。

「夜のお菓子　うなぎパイ」

これが一番有名でしょう。私すら何度か食べたことがありますから。何と、うなぎパイの上級品もあるとか。その名も「真夜中のお菓子　うなぎパイV．S．O．P．」。やりますねえ、夜が真夜中と変わり、本当にブランデーが入ってるとかで、それでV．S．O．P．なんですね。さてどんな味なんでしょう。

「地《じ》もぐり豆食うか」

そう新潟で勧められた。ビックリしたが、それは落花生のことで、確かに地にもぐっていますが、意味がわかってなぜかホッとしました。

「おしずかに」

新潟の方言で、ゆっくりの意なんだとか。

「ひさしぶり」を長野県では「はるかぶり」と言い、愛知県では「やっとかめ」と言う。「はるかぶり」は「遥かぶり」だろうとニュアンスは伝わるが、「やっとかめ」がわからない。〝八十日目〟と書いてヤットカメと読むという。人の噂も七十《しちじゅう》五日《ごにち》、それより五日多い八十日目だからやっとかめ、ひさしぶりねとなるのだとか。

福井では魚のカワハギのことを「バクチコキ」と言うとか。上手い。負けると身ぐるみはがされるから。

福井弁。

「はよしねや」

ビックリしますよね、訪れた途端にこう言われては。でも安心、〝早よ死ねや〟でなく〝早くしなさい〟の意なんだとか。イントネーションも優しいらしいですよ。

「つるつる一杯」

私などは反応するところですが、もちろんハゲを揶揄《やゆ》しているわけではなく、〝目一杯、ギリギリ一杯〟の意で、酒なら口からお迎えになるわけです。

「コシヒカリ」

私も知らなかったのですが、コシヒカリの原産地は福井なんですね。新潟ばかり名が上がり、それゆえ新潟県人は福井県人から泥棒呼ばわりされているそうな。

津軽弁は難しい。聞くのも喋るのも。

「かんどっこ、左さ曲がれ」――角を左に曲がってください。

「するさきじょのさ、はなっこさいだはんでおめ、でてこねが」――弘前城の桜が咲いたので、あなた出ていらっしゃいませんか。

「かにな」――ごめんなさい（かんにんな）。

「かんけっこ」――とりかえっこ。な、かんけっこすべし（あなた、とりかえてよ）。

「まいね」――駄目よ。

「な、いねば、すげね、すてな」――あなたがいないとさびしいの。

「おけまてな」――いなくなっちゃった。

「じょっぱり」――意地っ張り。

「かちゃくちゃね」――無性にいらいらして。

これらの言葉を太宰治も使ってたのかと思うと、嬉しくなりますよね。


青森名物。

「生まれて墨《すみ》ませんべい」

太宰治生誕百年記念に生まれた、イカ墨入りせんべい。お茶請けにピッタリだとか。

〝走れメロンパン〟もあるという。

「おんどりのこ」と青森県人、トランプのジョーカーをそう言うんだそうな。で、なぜそう言うかは不明なんだそうです。

「いっすんずりや」と大分県人、交通渋滞のことなんだそうな。「一寸ずり」と書くらしい。一寸《ちょっと》ずつずって行く。なるほど渋滞です。

宮崎県には「トロントロン」という名の交差点があるという。湧水が豊富で、その音からきているんだとか。

「だうどんする」

埼玉県を中心とする北関東の若者は、山田うどんに行くことをそう表現する。そう、「マックする」というのと同じように。

埼玉県行田《ぎょうだ》市。

ここの名物の「ゼリーフライ」を御存知か。オカラとジャガイモを混ぜ、衣をつけずに素揚げしたもので、小判型。銭フライが語源なんだそうな。

グルグル回る家【地震】

二つ目が師匠に稽古をつけてもらった。ネタは『親子酒』だったが、サゲ間際に、かの地震が起こった。「冗談言っちゃあいけねぇ、お父っつぁん。あたしだってこんなグルグル回る家、もらったってしょうがねぇ」とオチを言ったとき、本当に師匠の家がグルグル回ったという。

某師匠は小言が好きだ。稽古中も弟子によく小言を言う。「芸に覇気《はき》がない」「口調が甘い」「少しは命がけでやってみろ」等々。と、そのとき地震が起こり、師匠はさっさと逃げ出した。

「師匠、稽古は？」

「バカ、命より大事なものがあるか！」

高層アパートに住む某には、地震による甚大な被害が出た。タンスの引き出しが飛び出して高座着が舞い、サイドボードからはウィスキー類がガラス戸を突き破って散乱し、数日間は家の中で靴を履いていたという。その暮らしぶりを某は「西洋人のごとしだった」と言った。

地デジ対応の薄型テレビを二週間前に購入したばかりだったが、それが宙を飛んだという。「地デジに騙された」と、某は高座でしみじみと愚痴った。

某はネタおろしの会を七日間にわたって開催していた。新ネタを三席ずつ、計二十一席披露しようという試みである。その最中に地震があり、当然その日は中止に追い込まれたのだが、当日披露するはずのネタの一つに『死ぬなら今』があったという。

「おはしも」

押さない、走らない、喋らない、戻らない。

それが地震、津波避難の約束事で、その教えが徹底された小学校の生徒の多くが助かったという。

福島第一原発の三号機を冷やすべく、陸上自衛隊のヘリから水がまかれた。その折、陸自の幕僚長が記者会見をしたのだが、何と彼の名は「火箱さん」だった。火箱……。

「枝野って人、可愛いよねー」
「そうそ、あの耳たぶ、さわりたいよねー」
枝野官房長官（当時）のことをファストフード店で、女子高生がそう噂してました。

あの頃、ＡＣの大量広告が流れました。そしてそのパロディもまた生まれました。枝野さん、大変な言われようでした。

「大丈夫？」っていうと
「大丈夫」っていう
「漏れてない？」っていうと
「安全？」っていうと

「安全」って答える
そうしてあとで怖くなって
「でも本当はちょっと漏れてる?」っていうと
「ちょっと漏れてる」っていう
こだまでしょうか?
いいえ、枝野です

「安全?」って聞くと
「安全」って答える
「健康被害は?」って聞くと
「直ちに影響はない」っていう
詐欺師でしょうか?
いいえ、枝野です

アントニオ猪木が被災地に入り、「元気ですか!」とやり、元気なわけねえだろと私はツッコんだが、テレビで見る限り、現地の人はけっこう喜んでいるように見えた。

「保安員全員阿呆」

ホアンインゼンインアホ。何という皮肉の効いた回文でしょう。あの事故の直後に作られたということも驚異です。

ある人が知り合いの中年婦人を心配して避難所を訪ねた。中年婦人は土台だけの家に案内して言った。

「好きなとこ上がって。狭いけど」

テレビで見たのだが、中年婦人のユーモアと逞しさに、目頭が熱くなった。

「閉められない扉は開けてはならない」

ペルシャの諺だそうです。

オレも替え玉！【小噺系】

子供の自由研究、テーマは〝電力〟と決まったそうです。その小学生、派手なパレードを夜毎に繰り広げるディズニーランドに電話で尋ねた。「一日どのくらい電力を使うんですか」と。すると広報のお姉さん、「ごめんね、電力は使ってないの。魔法で動いているのよ」。

なかなか夢のある答えだが、その数日後に大きな地震があって停電となり、すべてのアトラクションがストップした。「魔法なのにおかしいよ」との子供の追及に、親も先生も説明に窮《きゅう》したという。

学校にて。

問「江戸時代の庶民が慣れ親しんだ大衆芸能で、現在も残っている例を挙げなさい」

答「笑点」

いやウケました。まさに珍解答。考え抜いた末に思いついたんですかね、この生徒さん。江戸時代からって、ねえ。

ある小学校の授業参観。

先生のちょっと難しい質問に、生徒全員がハイハイといっせいに手を挙げたという。なんて優秀なのうちの子はと親は喜んだが、これにはカラクリがあった。事前の打ち合わせで、正解のわかった子は右手、わからない子は左手を挙げることになっていたのだ。だから先生は、右手を挙げてる子を指名したのだった。やるな、先生。

親子の会話。

「こら、人を指さしちゃいけません」

「じゃ、なぜこの指を人さし指と言うの?」

若夫婦の電話。

「家族が増えるかもしれないの」

「ホント？　どんな柄？　あとで写メ送って」

あのぅ、猫じゃないんですけど。

「そんなワッショイしても何も出ないわよ」

「オバさん、それってもしかしてヨイショのこと？」

血を吸っても血にはならない——某バンパイア
毛を食っても毛は生えない——詠み人知らず

小説好きの男が、ブックオフで某時代小説の上下巻を買った。意味不明のまま読み切ったが、ある日、書店において、その小説の上中下巻を発見した。


ホテルのロビーで男女がぶつかった。その拍子に男の肘が女の胸に当たってしまい、男は謝罪した。

「失礼しました。あなたの心がその胸のように柔らかでしたら、どうぞお許しください」

　すると女も、

「いえ、あなたのモノがその肘のように硬いのでしたら、どうぞお越しください。私の部屋番号は……」

　謎かけ。

「今宵の二人とかけまして、相合傘とときます。その心は、あなたがヒラいて私がサシます」

　割ときれいな下ネタではないでしょうか。

男「この後どうする？」
女「ごめん帰る。ヤマト来るし」
男「誰だよその男？」
女「宅配便だけど……」

オレオレ詐欺。

「あ、母ちゃん。オレ仕事でトラブっちゃってさあ」

「えっ、おまえ仕事見つかったのかい？」

芯出ないシャープペンシルは死んでる。

死んでないシャープペンシルは芯出る。

「自殺者はなぜ靴を脱ぐのですか？」

「はかない人生だからです」

「ゴキブリって外で見る分には恐くないけど、室内にいるとマジ恐いよね。なんでだろう？」

「怪しいオジさんだってスレ違う分には何とも思わないが、おまえの部屋にいたら恐いだろ」

納得です。

ドラえもんが有袋類であるかどうかについて、真剣に議論しているグループが居酒屋にいた。

学校で一番の誉《ほま》れ高い美女にラブレターを手渡したら、そこを級友に見られ、翌日から仇名が山本太郎になった。覚えてますか？　園遊会で山本氏が陛下に手紙を渡したこと。

世に知られるタイタニック号の悲劇。今まさに衝突せんという氷山を見て、ある貴婦人が言った。

「まあ、オン・ザ・ロックには大き過ぎるわ」

高校三年生同士がとんこつラーメンを食いながら言った。

「オレ、慶應と早稲田受けるけど、おまえは？」

「オレは明治か日大だな」

そこで食い終わり、叫んだ。

「すいませーん、替え玉！」

「オレも替え玉！」

ここでなべやかん氏の顔が浮かんだ人は、なかなかの記憶力です。

一行小噺。

旦那様、睡眠薬を飲む時間です。起きてください。

オカマの日【カレンダーがらみの話】

二月十四日はバレンタインデーとして知られているが、フンドシの日でもあるという。二月十四日《フンドシ》と強引なこじつけですが、ゴムを使わないフンドシは健康面でも見直されているのだとか。

因みにオシャレなフンドシをＳＨＡＲＥＦＵＮと言うそうな。

三月三日の雛祭りと五月五日の端午の節句に挟まれた四月四日は、オカマの日であるという。女の子の節句と男の子の節句の丁度真ん中ですから、よく考えたものです。イベントも考えられていて、「二子玉《ニコタマ》と蒲田《かまた》を結ぶハ、、、ーフマラソン」なんだそうな。そう言えば二子《ふたこ》玉川《たまがわ》を略してニコタマと言うんです。参りました。

毎月二十二日はショートケーキの日。

知りませんでしたね、これは。なぜ二十二かがちょっと凝ってました。

カレンダーを見てください。二十二日の上は必ず十五日ですよね。〝一五〟すなわちイチゴ、そう、イチゴが上に載っているからショートケーキというわけです。

「八月二日はパンツの日です」

朝から元気にそう言われても……。

一一月二二日は「イイフウフ＝いい夫婦の日」と認識してましたが、犬や猫のペットに感謝する日でもあるそうな。その心はワンワン（一一）、ニャーニャー（二二）、なんだとか。知りませんでした。

桜桃忌――太宰治
河童忌――芥川龍之介
菜の花忌――司馬遼太郎

では「一一一忌」は誰の？

山本有三だそうです。なぜなら一月十一日に亡くなったから。

「御酉様」

おとりさま。縁起物の熊手を買いに行く行事ですな。三の酉まである年は火事が多いなどと言われますが、境内には手締めの音が賑やかに響き渡ります。

前日が「福がサル」。当日は「福をトリ込む」で、翌日が「福はイヌ」。はい、サル、トリ、イヌという干支《えと》に因んだ縁起なんだそうです。

「愛があれば年の瀬なんて」

年末に弟弟子の、立川談慶《だんけい》の詠める。

アマゾンで本を【老人ボケ】

視力の衰え。

近眼のところへ老眼がきて、そこへドライアイ。目薬が手放せない。目薬をさせばさすほど乾く感じがするのは気のせいか。目の状態はどんどん悪くなり、視力が衰えている。そう、目が見えないことが、目に見えてわかるのだ。

小噺。

昨日、おじいちゃんがボケ防止の本を買ってきた。
今日も買ってきた。

医師が老婆に座薬を処方した。数日後、
「どうです具合は？」
「先生、あの薬、飲みにくくて」

「えっ、おばあちゃん、あれ飲んだの？」

「はい、ちゃんと正座して」

「よく聞くけど、プレッシャーってどこの国の選手？」

ロンドン五輪を見ながら某老婆が発したひと言。


シルバー川柳。

「デジカメは　どんな亀かと祖母が言い」


孫がハワイで挙式するため、初の海外旅行に行くことになった某老婆、パスポートの取得に出かけたが、電話してきた。

「ずいぶん長く行くんだね。五年と十年があるって言われたよ」

「ワシの読みたい本がどこにも売ってないんじゃ」

「じゃおじいちゃん、私がアマゾンで買ってあげる」

「おまえ、何も本一冊のためにそんなに遠くまで……」

若き日の夢を実現させるべく、猛勉強の末、晴れて大学に。

「おじいちゃん、何ロウですか」

「うん、初老じゃよ」

〝ももクロ〟こと〝ももいろクローバーZ〟。

その写真集について前座が盛り上がっていたところ、某古参真打が通りかかり、

「今どきシロクロの写真って面白えな」「えっ???」「だってモノクロだろ?」。

間違え方まで古いという……。

鳴かぬなら【街の名言・洒落たひと言　その1】

一連の食品偽装や誤表示の問題で、こう謝ってる人がいた。

「おふくろの味を謳《うた》いながら、実は中年男の私が作っておりました。誠に申し訳ございません」

それってセーフでしょ。

食品偽装。

某商店内にこんな貼り紙が。

「親子丼の鶏肉と卵は、実の親子ではありません」

シャレっ気たっぷりですな。

飲食店で不当な扱いを受けた場合、抗議するのは客の当然の権利ですが、クレームのつけ方一つで、先方の出方が変わるのもこれまた自明の理です。最悪なのは威丈高に怒鳴ることで、これは愚の骨頂、野暮の極みというものです。

ファストフードのMで「お客は神様じゃねえのか！」と怒鳴るオッさんがいて、店員に「他の神様の迷惑になりますから」と言い返されたとか。即答であったそうな。

もっと筋の通ったことをヤンワリと言いましょうね。


コンビニのレジの女性が、「あたためますか？」と言った。デレデレのバカップルの男がこう返した。

「ボクたちみたいに熱々で」

やがてチーンと音がして、コンビニの女性が言った。

「今は熱いですが、すぐ冷めてしまいますのでお気をつけください」

バカップルはデレデレのままアリガトなどと言って帰りましたが、けっこうキツいシャレですよね。


山手線の品川駅で電車が動かない。しばらくするとこんなアナウンスが。

「ただいま私が酔っ払いにからまれているため、発車が遅れていま――す」

明るい口調だったため、車内は爆笑になったとか。乗り合わせた人から直に聞いたので実話です。粋な車掌がいるもんです。

諺にいわく、

「商売人と屏風《びょうぶ》はまっすぐに立たない」

なるほど、そう言えば……。

「鳴かぬなら　鳴かなくていいよ　ホトトギス」

平成の子の詠める。

高校三年生の男子いわく、

「台風はいいよな、進路決まってて」

「高貴高齢者」

そんな老人に私はなりたい。

某教育長をハンマーで殴った男いわく、

「ちょっと釘を刺しとこうと思って……」


「親心」

トカゲの尻尾は切ってもまた生えてくると聞いた男の子、尻尾を切ったトカゲを逃がし、尻尾を毎日眺めていたという。

トカゲから尻尾が生えてくるのであって、尻尾からトカゲが生えてくるわけがないと説明したいのだが、親は、息子が熱心に尻尾を見続ける様子に、よし付き合ってやろうと思ったという。


言葉の効果。

「キミは努力家だから、一日二時間ぐらいの勉強ならできるだろう」

そう言い続けると、子供は自然と勉強するようになるとか。

「キミは怠け者だから、一日二時間は勉強しなさい」

そう言い続けると、子供は自然と勉強しなくなるという。

「人は侍」にはセットの言葉があるという。

「人は侍、木は檜《ひのき》」なんだそうです。

男のさしすせそ【街の名言・洒落たひと言　その2】

「徳利に口あり鍋に耳あり」との昔の諺。

余計なことを言わず聞かず、堅実に生きなさいとの教えらしいです。


こんな粋な文句を聞きました。

「壁に耳あり障子に目あり、好きな人には妻子あり」

詠み人知らず。


「男のロマンが女のフマン（不満）になる」

居酒屋で酔ったオジさんがそう言ってました。贖罪か？


「あたしゃ、ローソク　芯から燃える　主《ぬし》はランプで口ばかり」

なかなかオツな都々逸ですが、作者不詳とのことです。

「いやよ」

一八四（いやよ）＋一八四＋一八四＋一八四＋一八四＋一八四＝一一〇四。答えは〝いいわよ〟。

上手いこと考える人がいるものです。昔の言い回しを思い出しました。「いやよいやよも、好きのうち」

某大学の産婦人科教授が、こんな名言を残したそうです。

「ゴム破れて　産科あり」

女が求める男の条件「男のさしすせそ」。

「さ」は財布。

「し」は喋り（会話）。

「す」は素敵な顔。

「せ」は誠実さ。

「そ」はそっちもイケる。つまり「セックスの相性」なんだとか。
ま、本音なんでしょうね。

人生。
女が人生を諦めると、下ネタを連発するという。
男が人生を諦めると、下ネタすら言わなくなるという。

ダイエット。
男は死にたくないから痩せる。
女は死んでもいいから痩せる。

「痩せの大食いはいても、少食のデブはいない」
ダイエットにおける格言だそうです。納得！

欠落。

ティーンエージャーは時間とエネルギーはあるが、カネがない。中年はカネとエネルギーはあるが、時間がない。老人は時間とカネはあるが、エネルギーがない。人って、何かが欠けてるものなんですね。

電力ＯＬ【気になる事件、新聞の見出し】

「大胆セミヌード」

某雑誌にそんな活字がけっこう自慢気に躍《おど》ってましたよ。セミヌードって大胆なんですかね。

「波紋を呼ぶ」との表現が週刊誌にあった。波紋は広がるものだろう。もしくは波紋を描くか。でも言わんとすることが伝わればいいんでしょうね。

判決文。

「死刑がやむを得ないとまでは言えない」

何なのよ、その持って回った言い方は。

「死刑反対論者から死刑にしろ」

談志は高座でそう言ってました。高座でですから、ギャグです。

よく使う言葉ってありますよね、新聞独特の言い回し。気がついたものをいくつか並べてみましょう。

「〜〜がわかった」

「〜〜との考えを示した」

「〜〜の公算が大きい」

「〜〜の可能性をはらんでいる」

「〜〜単なるパフォーマンスに終わってしまったのでは意味がない」

「〜〜捜査の行方が注目される」

「〜〜安否が気遣われる」

「〜〜との懸念がある」

もういいでしょ、こんなとこで。

「電力OL」

東電ＯＬ殺人事件というのがあった。あのとき大スポンサーである東電に遠慮して、某Ａ新聞だけが「電力ＯＬ」としたという。

「英壊話」

某英会話教室が倒産した折のスポーツ紙の見出し。これは目に訴えるという意味で上手かったですね。

大王製紙の井川意高《もとたか》前会長は、スゴいことを言いましたね。

「みんなにとっての一億円は、私にとっては一万円だよ」と。

さすがお坊ちゃまです。カジノには五十万円くらい突っ込んだらしいですね。たかだか五十万ですから、彼にとっては屁でもないでしょうが。

「チャレンジングではあるけど、インポッシブルではないと……」

宇宙飛行士の山崎直子さん、主婦業との両立について問われ、そう答えたわけです。確かその後、夫と別れたような……。インポッシブルだった？　もしくはインポテ……あわわ。

朝日新聞には〝天声人語〟なるコラムがあり、名物であるが、東京スポーツには〝天声珍古〟なるコーナーがあるものの、名物かどうかは定かではない。

「賭ゲートボールで逮捕」

こういう記事がありました。老人たちが勝負にこだわり、「では賭けよう」となった模様。

面白いのは次の展開。複数の容疑者が白い粉末を所持し、「これは！」と色めき立った捜査陣が分析を進めると、それは龍角散であった。

テレビのテロップにこう出た。

「皇太子ご夫妻が宮城ご訪問」

てっきりキュウジョウに陛下を訪問されたのかと思ったら、被災地宮城県をお訪ねになったのだった。県名か都市名を入れてくださいテレビ局様。

「八歳の男の子が二十一歳のお姉さんを妊娠させる」とのニュースに目が点。何だ、北極グマの話か。

「火をつけないタバコで、ブームに火をつけることはできるでしょうか」
ケッ。テレビのニュースでアナがドヤ顔でそんなことを。パイプ型の、タバコとも言えないタバコのことなんだけど。

「イカデカイ」
「女子会にイカ所持」
ＮＨＫ、深海に住むダイオウイカの撮影に成功。その折に出回った回文です。二番目のジョシカイニイカショジは誰の作品か上手いですね。イカが詠み込まれていますし。

「怪奇最大裂きイカ」

「笑う南浦和」

落語家をよく被写体にする写真家・橘《たちばな》蓮二《れんじ》氏の回文です。よくできてます。

提灯で餅を搗く【旧き良き日本語　その1】

何軒ツケのきく店をお持ちですか。

ツケっていいですよね。カネのやりとりを周囲に見せたくない場合もありますし、カードは気障《きざ》かというとき、片手を挙げて帰るなんぞは粋なもんです。

「ママ、この前のツケ」

そう言って前回の勘定を払っている人がいました。そしてその日の勘定を払わず帰ったのです。店に大変大事にされているように見えました。

「また来てくれるってことでしょ」

ママのひと言に納得しました。ツケにするということは、長く通うよとの意思表明なのですね。

「お待たせ」とつい言ってしまうが、本来これは芸者さんの使う言葉だという。待ち合わせの折など、きちんと「お待たせしました」と言いましょう。もちろん、芸者さんのごとくありたいという人は別です。

「経費がかかる」との言い回しを聞くたび、ひっかかる。かかった費用を経費と言うのではないだろうかと。「費用がかかる」が正しいのだろうが、どうもしっくりこない。ここは一つ、武士のごとく「費《つい》えがかかる（あるいはかさむ）」という表現でどうだろうか。私はスッキリするのだが、ダメでしょうね。

〝銃後の妻〟を「十五の妻」、つまり幼な妻と間違う若者がよくいる。無理もない。古い話だ。私は訂正しますけど。

「提灯で餅を搗《つ》く」

性的に不能なことを、昔はそう言ったそうです。けっこうな言い回しですな。それを今では「軟式ペニス」と言うんだとか。やれやれ。

〝立て板に水〟の反対語は〝横板に雨垂《あまだ》れ〟だと言うが、本当だろうか。どうも落語に出てくる〝横板に餅〟の方がシックリくるのだが。

「ゴハン」と「メシ」。

炊きたての白米をゴハンと呼び、冷めたものをメシと言うそうな。つまりかつては朝、一日分を炊いたわけで、昼はムスビ、夜は茶漬けで食したんだとか。

一丁締（〆）、一本締（〆）、三本締（〆）。

ヨ――、ポン。これが俗に言う一丁締で、一本締はヨ――、チョチョチョン、チョチョチョン、チョチョチョチョンチョン。

一本締は別名十締《とおじめ》とも言い、チョチョチョチョンが三回、三×三で九、そこへチョンと打つと九が丸という字に変わり、丸くおさめるという意味あいがある。これを三回繰り返すと三本締（本締）になるわけですが、掛け声のイヨーッは、〝祝う〟からきていて、イヨ――と伸ばすのが本来であるそうな。

年始の光景ですが、東証（東京証券取引所）大発会の三本締は締まりませんね。数字に強いというだけのエリートはやっぱりダメで、あれだけ晴れ着の女の子を揃えながら、実にだらしのない三本締となります。

職人や芸人の多い宴会の締は見事ですよ。宴会がどう荒れようと、この瞬間だけはビシッと締まりますから。


「遊治郎」

ユウヤロウと読みます。遊びにふけり、容姿を飾る男の意で、酒食にふける男、放蕩者《ほうとうもの》とも言うとか。近頃聞きませんが、ニュアンスのある言葉ですね。


「ソデ」

「肘鉄を食う」との表現は今でもときどき耳にしますが、「ソデにされる（する）」はとんと聞かなくなりました。どちらも「フラれる」ことで、なかなかの言い回しなんですがねえ。

ワッショイ【旧き良き日本語　その2】

「ワッショイ」

神輿《みこし》を担ぐ際の掛け声が、ワッショイからセイヤになって久しいですな。江戸っ子を任ずる年寄りに聞いたのですが、ワッショイの語源は〝私が背負う〟なんだとか。「ワタシガセオウ→ワッチガショウ→ワッショウ→ワッショイ」と変化し、「だから掛け声はワッショイに戻すべきなんだ」と、半ば諦めつつも力説してましたよ。

「銀ブラ」のことを「銀座をブラブラするので銀ブラ」と思っている人は多い。本来の意味は「銀座でブラジルコーヒーを飲む」だとか。八丁目のパウリスタという店だそうです。

ショートケーキの〝ショート〟は、短いという意味ではなく、サクサクしているという意味だそうな。スイートルームのスイートが「甘い」ではなく「続きの間」の意味であるように。

八百屋の店主が呼びかけていた。

「はい――、いらっしゃい。御利用、御利用――」

御利用はいい。商人《あきんど》らしいフレーズを久々に聞きました。

「かべす付　御一人二円五十銭」

何のことかおわかりでしょうか。かべすとは菓子、弁当、寿司の頭一文字を取ったもので、大正時代の芝居見物料のことなんです。「かべす付きで二円五十銭なら妥当なところか」などと使い、今で言う二万五千円といったところでしょうか。で、このネタ元ですが、川口松太郎の小説からパクリました。

「一六銀行」

イチロク銀行。そう言ったものです、質屋のことを。一たす六で七、つまり七屋、質屋なんですね。そうそう、七屋と書いてナナツヤと読むこともあるんです。NHKの朝ドラ『ゲゲゲの女房』に一六銀行と出てきて、懐かしく思ったわけです。

かの滝沢馬琴は酒の利害についてこう言ったそうな。

「下戸《げこ》は酒の害を知れどもその利を知らず。上戸《じょうご》は酒の利を知れどもその毒を知らず」

また貝原益軒《えきけん》は、『養生訓』においてこう言ってます。

「多くのめば、又よく人を害する事、酒に過ぎたる物なし。少しのめば陽気を助け、愁《うれ》いを去り、興を発して人に益あり」と。

ま、両者、飲み過ぎるなと言ってるわけですが、そうはいかないのが酒でしてね。みんなそうと知りつつ、過ごすんですよ。

トンボ。

蜻蛉とも書きますね。この虫、別名を「勝ち虫」とも言い、前へ進むだけだから縁起がよいとされているんだそうな。知りませんでした。あ、ホバリングもできます。

回文。

「ダメ男子　モテ期がきても死んだ目だ」

「談志は極楽　落語は死んだ」

「家内の里は土佐の田舎」

グループフルーツ【輪島・具志堅・ガッツネタ】

輪島功一氏と対談をさせてもらったのだが、さすがは元世界王者、ネタの宝庫でありました。

あるときファンからサインを求められ、モットーとする「心・技・体」と書いた。満足するかと思ったファン、妙な顔をしている。で、よく見たら「心・板・体」となっていたという。シンバンタイ、うん、モーマンタイ!

「三大珍味と言えば、フォアグラ、キャビア、さてもう一つは?」

そんなクイズに輪島氏は「豚肉」と答えた。好きだったんでしょうね。

すると具志堅用高は沖縄出身らしく「ステーキ」と答えたが、ガッツ石松氏の答えだけは異質だった。彼は「キャタピラ」と言い放ったのだ。キャタピラは戦車などのあのキャタピラーのキャタピラだろうか。それは食い物か? まさかキンピラの間違い?

誰もフォローせず、そのままクイズは終わったが、あれは一体何だったのだろうか。

具志堅用高氏がテレビの企画で、かつて住んだ町を訪ねた。とある果物屋の前、

「オレ、この店来たことあるよ。グ、い、い、プフルーツを買いに」

具志堅氏がテレビを見ようと、電話の子機を手に取り、操作して言った。

「おかしい、電池切れかな」

ガッツ石松氏がインタビューで。

「オフの日はどうしてます？」

「あんまり仕事してないね」

クイズ。

「リトマス試験紙を水に漬けると？」

「濡れる」

「オレ、土木作業員になりたかったな。だって働くのは土曜と木曜だけで楽じゃん」

あの、ガッツさん。土木って、そういう意味じゃありませんから。

「いやあ、恐いのが半分で怖ろしいのが半分だ」

あの、ガッツさん。それって同じだと思いますが。


ガッツ氏、歯医者に通っていたという。ある日、予約した歯医者に電話したそうな。

「今日は歯が痛いんで、休ましてください」


元世界ミドル級王者の竹原慎二氏は、漢字が苦手だという。

「サインしてください。『アラカワさんへ』で」

「どういう字?」

「アラカワ区のアラカワです」

それなら大丈夫、サラサラッと書き上げた。見ると、「荒川区の荒川さんへ」としてあったという。

アーモンドチョコレート【落語界　その1】

彦六の名で亡くなった先代林家正蔵の孫弟子に春風亭小朝がいる。正蔵時代、小朝が誕生日プレゼントにアーモンドチョコレートを贈ったという。

コーヒー党で知られる正蔵、相性がいいとことのほか喜び、「アンちゃん、ありがとうよ」とひと粒頬張った。しばしモグモグし、正蔵が言った。

「やい小朝、このチョコレートには種がある」

正蔵が客からキムチをもらった。まだ珍しかった頃だ。ところが女将《オカミ》さん、キムチを知らないものだからイタんでいると思い、これを洗って食卓に供した。

キムチを知っている正蔵が激怒した。

「やいババア、てめえは麻婆豆腐も洗うのか」

正蔵がテレビのバスケットボール中継を見ていた。そしておもむろに言った。

「誰か教《おせ》えてやるがいいじゃねえか」

弟子が言った。

「は、何をでしょう?」

「いや、さっきから若え衆《わけし》がタマを拾っちゃ網に入れてるんだが、網の底が抜けてることに気がつかねんだ」

桂ざこば師が大酔いし、ワシが人間シャブシャブやったると、鍋の上に寝転んだ。結果脇腹にヤケドを負い、隠していたが、楽屋での着替えの折、師の米朝に見つかった。

「何やそのキズ?」

「イレズミ消しましてん」

「何のイレズミや?」

ここは一番ヨイショだと、

「もちろん〝米朝命〟ですわ」

米朝、一枚上だった。

「何で消すねん」

春風亭一之輔、

「兄《あに》さん、真打披露の口上、よろしく頼みます」

林家木久扇、

「おお、屋形船に乗ったつもりでいてくれ」

船は間違ってないんですがね。

先代圓楽師は偏頭痛持ちで、鎮痛剤を多用した。そのためよくボーッとすることがあった。ある日の『笑点』収録時のことだった。円楽師は大喜利《おおぎり》が始まった途端、こう言った。

「まず、第二問です」

かつて落語家の間で、本来言うべきことを少しズラすという遊びが流行りました。こんな具合です。

「えー、宴もたけなわプリンスホテルですが……」
（えー、宴もたけなわですが……）
「私のドクダミと偏見で……」
（私の独断と偏見で……）
「高いところから大変千円札でございますが……」
（高いところから大変僭越《せんえつ》でございますが……）
「ではこの辺で三段締を……」
（ではこの辺で三本締を……）

これらをマイクを通して大真面目にやるわけです。放っておかれると単なるバカですので、ツッコミ役が必要で、この連続で構成されているのがナイツの漫才というわけです。

「ヤホーによりますと……」
「ヤフーだろっ！」

雲黒斎家元【落語界　その2　談志師匠】

我が師匠、立川談志の戒名は〝立川《たてかわ》雲黒斎《うんこくさい》家元《いえもと》勝手《かって》居士《こじ》〟。雲黒斎の読み「ウンコクサイ」がネックでなかなか墓が決まらなかったのだが、決まった後でわかったことがある。

何と早稲田に雲居山《うんきょさん》宗参寺《そうさんじ》なる寺があったのだ。ウンキョサン、ウンコクサイ。似てますよね。最初からここに当たればよかったか。

土砂降りの雨の中、「タクシーを拾ってこい」と言われた前座、ズブ濡れで走り回るもまるでつかまらない。たまに来るのは乗車中で、泣く泣く「師匠、この雨ですからつかまりません」。

　このとき談志、「言い訳という現場報告は求めていない。つかまらないから、おまえに頼んだんだ」。

　談志一門においてはよく見られる光景でした。はい。弟子はまた土砂降りの雨の中、駆け出すのです。タクシーがつかまるまで延々と。

　ついでに言うと、亡き小談志は、夜中、談志にコロッケを買ってこいと言われ、渋谷をさまよった。今と違ってコンビニはない。肉屋のシャッターを叩き、涙ながらに頼み込み、揚げてもらった。

　談志は「偉《えれ》え、おまえはどっか見どころがある」と褒め、揚げ立てのそれにウスターソースをジャブジャブかけ、アファアフ、ウメウメと頬張ったが、小談志にはコロッケをくれなかったという。

　談志の名が出たところで、少し名言を紹介しましょう。

「囃《はや》されたら踊れ」

「仕掛けた者だけに栄光がある」

「親切だけが人を説得する」

「人は自慢話しかしない」

「僻《ひが》みは人を滅ぼす」

「食い物を捨てるぐらいなら、腹っ下しした方がいい」

「ライスカレーはどう食ってもいいが、ソバはちゃんと食え」

「質量ともなう者を天才という」

「笑顔は誰にもよく似合う」

「状況判断できない者をバカという」

「三十年ひとつことをやったヤツは恐い」

「ユーモアは不幸を忘れさせる」

「笑わせるまでに落語家さんざ泣き」

等々……。まだまだありますがこの辺で。


「機長のカタギリでございます」

兄弟子の立川左談次が福岡に向かっているとそんなアナウンスが。飛行機嫌いなところへもってきてのそれですから、ギャッと悲鳴を上げた左談次、恐怖を忘れようとチャンネルを落語に合わせた。ところがイヤホンから流れてきたのは師匠談志の『死神』で、「いやあのときばかりは覚悟したね」とは本人の弁。帰京を果たしたので無事だったのだが、もうひと言あった。「とにかく恐いから飲み続けでさ、連日の二日酔いだから出来は散々で……」

私が入門したのは昭和四十五年。この年は大阪万博があり、十一月には作家の三島由紀夫が割腹自殺をしました。その翌年、ジローズが唄ってヒットしたのが「戦争を知らない子供たち」です。

〝〜を知らない子供たち〟と、各方面でいくつも替え歌が作られましたが、落語界も例外ではありません。「志ん生を知らない子供たち」なる替え唄が作られたのです。名人志ん生は存命でしたが、高座から久しく遠ざかっていました。ですから私はナマの志ん生を見ていません。そんな、志ん生に間に合ってない私の世代に向けて唄われたのです。

後にこれが「圓生を知らない子供たち」に変わり、やがて「志ん朝を知らない子供たち」となり、今や元唄すら知らない子供たち（落語家）が闊歩《かっぽ》しています。

捨て耳【落語界　その3】

落語会の場合、お客さんのケータイは、電源を切るかマナーモードにしてもらいます。しかしシーンと客席が静まりかえる人情噺の折など、マナーモードの低い着信音が聞こえることがあります。

着メロが高らかに鳴り渡ると、もうお手上げです。一発で江戸から平成に引き戻されてしまうのです。

鳴ったケータイに出る人もいますな。ゴソゴソ取り出し、切るかと思うとその場で「もしもし」などとやるのです。

せめてもの良心のつもりなのでしょう。ロビーに出る人もいます。しかし大きな声で話しながら、演者の前を横切ったりもするのです。

演者によっては注意する人もいます。ケータイを操作し、その灯りが気になったので指摘すると、「ツイッターだよ。通話はしてねえよ」と逆ギレされたそうな。ま、我々はのんき気そうに見えて、小さなバトルを繰り返しているのです。

ニワトリが先かタマゴが先か。

言い古された不毛な議論だが、落語界にはこんな言葉がある。

「噺家は、タマゴが先でトリが後」。おわかりですよね。

前座は忙しい。お茶出し、着替えの手伝い、高座返し、お使い……等々、息つく暇もない。しかし耳は高座に向いていなければならない。

作業しつつ高座を聞くことを「捨て耳」と言う。身を捨てても耳は高座にということでしょう。

夏の風物詩とも言っていいネタ、それが『たがや』です。何しろ川開きと花火が背景ですからね。

橋の上で侍と斬り合いになったたがや、侍に首を飛ばされます。でオチが、「上がった上がった上がった、た～～がや～～」となるのですが、「――た～～まや～～」とやってしまったのが左談次門下の立川談奈（現左平次）クン。それを言っちゃあオシマイよというトチリですが、これが世に言う「大須《おおす》事件」です。気が緩んだか談奈クン、名古屋は大須演芸場においてやらかしたのです。

『権兵衛狸』は、ちょっと牧歌的な楽しい噺ですが、オチは狸が親方に言う「親方、今日はヒゲを当たってくんねえ（剃《そ》ってくれ）」です。ところが談奈クン、またもやらかしたのですねえ、「親方、今日はクビを当たってくんねえ」と。客も楽屋ものけぞりました。だってそれやったら死んじゃいますから。

「談志が死んだ」

「志らくの暮らし」

「談四楼パウロ死んだ」

我が立川流のファンが、そんな回文を作って遊んでました。私のはパウロを無理矢理捻じ込んだ力技です。

「談四楼往路死んだ」というのもありました。死んだから復路はないわけです。

『四宿《ししゅく》の屁《へ》』という落語があります。

品川、新宿、板橋、千住、これが四宿でいずれも交通の要衝《ようしょう》、そこには必ず旅人の相手をする女性がいたもので、四宿の屁は、それぞれの女性の気質の違いを描き、昭和の名人、三遊亭圓生《えんしょう》がよく高座にかけていました。

マクラで春夏秋冬の屁にまつわる川柳を披露していましたので、それを紹介しましょう。

春「川越しの肩のあたたかき春の闇」
夏「ブクブクと水に泡立つ水場《すいば》かな」
秋「ごめんごめんと芋食い過ぎし今日の月」
冬「コタツから猫もあきれて首を出し」
想像力を働かせてみてください。

「入り婿《むこ》は聞かずに抜いて叱られる」
川柳でもエロ川柳の方でした。

女装、趣味だ【インターナショナル】

日本語を学ぶ外国人は依然多いそうです。

ある日本語教室で上達度を計ろうと、質問しました。「打って変わって」という言葉を使って短文を作りなさいと。すると可愛いフィリピーナが手を挙げ、言ったそうです。

「私の彼は、覚醒剤を打って変わってしまいました」

中国人を対象とする日本語教室。

生徒の途《と》さんは、いつも立たないで座ったまま発言する。そこで先生、途さんに「立って言って」と注意。すると途さん、座ったまま「た」。

つまり途さん、「た」の発音を、と受け取ったわけです。

外国人の店員に「負けてくれる?」と聞いたら、「ワタシハアナタニマケナイヨ」

と真顔で言われたのは私です。

外国人の日本語。

「もっと〝チクビ〟を使って」

そのスポーツインストラクターは〝手首〟と言いたかったらしい。何度も言ってましたよ。面白いので教えてやらないことにしました。

待ち合わせをしてるらしい外国人が品川駅でケータイに向かい「スリーボックス、スリーライン」と叫んでいたという。〝品〟がスリーボックス、〝川〟がスリーラインとのことだが、この話、誰かが作ったと思う。

外国人が二の腕に彫った漢字の〝象〟のタトゥーを自慢していた。

「これはエレガントって意味の日本語なんだぜ」

残念、それはエレファントの間違いです。

「踊るマハラジャ」

浅草の木馬館で、国本武春《くにもとたけはる》の浪曲をインド人が熱心に聞いていたというが、果たしてインド人は踊ったのか⁉ ああ、武春師。この人が死んでしまうとはなあ……。

電話での「もしもし」、呼びかけの「もしもし」。この「もしもし」を聞くと、日本語のわからないドイツ人は赤面するとか。はい、R18指定の語なんだそうです。

上原浩治。メジャーリーグ、ボストンレッドソックスのクローザーです（現在はシカゴ・カブスに所属）。大活躍なのはいいんですが、困っているのはあちらのファンで、応援しようにもウエハラと発音できないというのです。

「ユーイーハラ」もしくは「ウーイーハラ」となってしまうそうで、構えて発音しないとウエハラにならず、仕方なく上原を諦め、「コージ」と呼んでいるんだとか。

因《ちな》みに松井秀喜のヒデキも同様で、彼はかなりの頻度で「ハイデッキ」と呼ばれたとか。

昔、ゴルフの青木功選手が活躍したときもそうでしたね。向こうのアナウンサーが

「エイオウキ」と発音しましたっけ。

回文。

「イタリアでもホモでありたい」

日本人は若者に「平成生まれ？」と訊くという。ドイツ人は「壁、まだあった？」と訊き、ロシア人は「ソビエトだったか？」と訊くという。

韓国語。

「女装、趣味だ」

いやただ単にそれらしく聞こえるということです。ジョソウシュミダ！

「寒いと思うと暖かい。暖かいと思うと寒い。これをフランス語で〝サンカンシオン〟と言う」

シオンをションと発音するとフランス語に聞こえます。聞こえるというただそれだけのことです。

「こんとんじょのいこ」と言うと、えなりかずきが口をとんがらかして「簡単じゃないか」と言ってるように聞こえるという。さ、お試しを。ほら、聞こえた。

ロングセラーの自動車にフォルクスワーゲンがある。スタイルはやや変わったが、依然として人気車だ。このフォルクスワーゲンを早口で何度も口にすると、「ボロクソワーゲン」になってしまうのは不思議だ。

「狸寝入り」

寝たふりをすることだが、何と英語では「フォックス・スリープ」なのだという。えっ、フォックス？

「アイスキャンデー」「バリアフリー」「コンセント」「シュークリーム」「ミーハー」「フリーサイズ」「ガードマン」「ナイター」「ノートパソコン」「リフォーム」「シャー

プペンシル」「ワンルームマンション」「ミシン」「スキンシップ」……。
これらは皆、和製英語で、英語圏の外国人には通じないのだという。コンセントは「エッチ・オーケー」の意で、シュークリームは「靴クリーム」と受け取られるとのことですから、気をつけましょう。

都々逸。

「北と南の国境はさみ　互いに見交わすキムとボク」

この場合の口三味線は、♪テトンテトシャンではなく、♪ノドンテポドンがいいとか。ネタ元の柳家紫文《しもん》師がそう言ってました。

台北の屋台で。

「あ、ラーメンの丼の中に指が……」

「ダイジョブ、熱くないよ」

海部は落とすな【政界・選挙　その1】

「ダイクンイ、ナベツネ、モリキロー」

これが日本政界の三大フィクサーなんだとか。少しだけわかるような……。

田中角栄いわく、

「歩いた家の数しか票は出ない」

さすがは選挙の神様、いいことを言います。

田中眞紀子いわく、

「麻生太郎は寝呆けた口曲がり」

「河村建夫官房長官は気の抜けたサイダー」

いや当時は毒舌炸裂でしたね。

元首相の吉田茂は、演説嫌いだったそうですね。どうしてもと頼まれた場合でも、「吉田茂です」とだけ言って帰っちゃったとか。つまり喋らなきゃ無事だとわかっていたんでしょう。なぜ孫にあたるあの人はそこがわからないのでしょう。

〝豹柄の招き猫〟があるという。それは猫じゃなくて豹だろうとのツッコミはさておいて、選挙の候補者に人気なのだという。豹を招く、票を招くということで。

衆議院選挙で沖縄四区の候補者に〝瑞慶覧長敏〟という人がいました。〝ズケランチョウビン〟と読むそうですが、沖縄の歴史を背負ったような響きですね。

「財布を落としても海部《かいふ》は落とすな」

支援者はそう言いつつ闘ったのですが、残念ながら海部俊樹元総理が落選してしまいました。当時七十八歳という高齢もネックになったようです。今となっては懐かしい話題でしょ？

「厳しいんです。どうか清き一票を！」

「あと一歩です。どうか清き一票を！」

さてどちらの言い回しに効果があるでしょう。〝あと一歩〟なんだそうです。面白いですね選挙は。

先代正蔵、選挙の応援を頼まれ、遊説《ゆうぜい》カーに乗った。そして団地でマイクを握り、言った。

「西洋長屋の皆さん……」

「ニワトリ候補の大泉博子でございます」

何じゃそれ？　同じ茨城六区に丹羽雄哉候補がいて、丹羽を獲る、ニワをトル、ニワトリ候補となったらしい。

これだけではない。テーマソングは暁テル子が唄った懐かしき『ミネソタの卵売り』で、「コッコッコッコ、コケッコー」ときましたよ。

私の関心はここまでだったので、選挙結果はわからない。丹羽さんの姿を国会中継で見かけるということは……。

「私、マック赤坂は東京のために立ち上がりました」

都知事選に立候補したマック赤坂氏、政見放送でスマイルの勧めを説き、「……立ち上がりました」と言いながら、本当に立ち上がったので驚いた。今も何かと話題を提供し続けていますね。

「演説なんかどうでもいいから、倒立《とうりつ》やれ」

元体操選手の池谷幸雄氏が立候補の折、聴衆から飛んだ野次です。

田中眞紀子。

ごめんなさい、この人の名言中の名言を忘れていました。

「人間には、敵か、家族か、使用人しかいない」

いやあ、いまだに色褪《いろあ》せないインパクトはさすがですね。

路チュー訪中【政界・選挙　その2】

髪の分け目。

私はハゲですからそんなことはどうでもいいんですが、かの小沢一郎氏、あの人は一年毎に髪の分け目を変えるんだそうですな。西暦の末尾が偶数年の場合は右分けで、奇数年は左分けなんだそうな。よかったらテレビや写真で確認してみてください。ま、ホントにどうでもいい情報ですが。

小沢一郎氏の名言。

「凧と麻雀と選挙は、上がらなくちゃしょうがない」

まことにごもっともなことで。

石破茂氏いわく、

「鶴は千年、亀は万年、鳩は一年」

鳩山さんがどう思ったか知りませんが、上手かったねこりゃ。

民進党以前、まだ民主党が元気だった頃、新人議員の研修があった。何とテーマは「第二の杉村太蔵にならないためにはどうすればいいか」だったという。

これを聞いた杉村太蔵、

「大きなお世話だ。なれるもんならなってみろ!」

と逆ギレしたとか。あのね杉村さん、テーマは〝なりたい〟ではなく〝ならないためには〟ですから。

そのまんま東、つまり東国原《ひがしこくばる》英夫氏が宮崎県知事だったことを近頃忘れている人が多い。いやそうだったのですよ。で、その時代、風俗店の入口にはこんな看板があふれたんです。

「夜もどげんかせんといかん」

似顔絵とともに各地にありましたっけ。

鳩山由紀夫氏唱えるところの「友愛」は、〝ＹＯＵ　ａｎｄ　Ｉ〟からきてるんだって。ダジャレだったわけです。

鳩山由紀夫氏。

「押しかけ女房でも、よい女房はいる」

かつて憲法に関する講演で、そう言ったことがあるそうです。ふむふむ、なるほど……。

「彼なしでは一日も過ごすことができない」

鳩山由紀夫さんが総理大臣だった時代、平野博文官房長官（当時）のことをそう言ったんです。ホモ疑惑が浮上しましたっけ。

「ハク・ホウショウ殿……」

千秋楽、優勝力士の横綱・白鵬の表彰で、平野官房長官（当時）がそう読んだわけです。白鵬はフルネームで白鵬翔ですから、「ハクホウ・ショウ」であって、「ハク・

ホウショウ」ではありません。平野さん、あんた相撲のこと何にも知らないのね。

「路チュー訪中」

細野豪志議員が山本モナ嬢と路上のチューをしたことが発覚、一躍名を上げたが、その後に中国を訪ねた折の新聞の見出しです。合わせ技一本！

春香クリスティーンは、父が日本人、母がスイス人のハーフであるそうな。タレントとして活躍してるが、何と国会ウォッチャーとしても知られ、議員マニアとも呼ばれている。そんな彼女がこう言った。

「細野豪志議員に近づいても、避けられてしまう。ひどい目にあったから、いまだにハーフを警戒しているのではないか」

「こつこつ貯めるみずほ銀行」

福島瑞穂が総資産二億五千万円と発表された折のスポーツ紙の見出し。

サラリーマン川柳。

「仕分人　妻にくらべりゃ　まだ甘い」

張り切ってましたね、蓮舫氏。「二位じゃダメなんですか。一位でなきゃいけないんですか？」と。私は小学生の頃を思い出しました。いたんです。恐い女子の級長が。

「高田クン（私の本名）、ちゃんと掃除をして帰りなさい！」と。

さて、民進党の代表を降りて、今後どう動きますかね。

元都知事。

「ねえ、猪瀬って人、ピグモンに似てない？」

「そう、私もそう思ってた。似てるよねえ」

車内のOLがそう言い合い、そう言えばと思った。

ああ、この人も五千万円で……

「希望が共産党しかないという絶望」

なかなか穿《うが》ったことをおっしゃいますね。漫談家GO！　ヒロミ44’氏の言です。

イタリアのベルルスコーニ元首相、

「毛沢東時代の中国は、赤ん坊は食べなかったが、煮て畑の肥やしにした」

「バラク・オバマは若くハンサムで、そして日焼けしている」

とんでも発言連発です。植毛して若返り、エネルギッシュにして絶倫、こうなると次に何を言うか楽しみになりますね。はて、今どうしているのやら。


二〇〇九年の夏、ロシアのプーチン大統領は、潜水艦で水深千四百メートルのバイカル湖に潜り、湖底を視察した。

そのニュースのナレーションいわく、「やはりこの人には水面下の活動が似合うようです」って、上手いけど言い過ぎだろ、元KGBにしても。

いかりや腸介【町ネタ　店名系】

「I♥湯」という名の銭湯があるという。もちろんアイラブユーと読む。画家の大竹伸朗氏が作り、銭湯と芸術のコラボで、四国の宇和島から船で渡る直島にあるとか。

浅草をタクシーで通行中、「天下鳥ます」という名の店が見えた。十中八九、焼鳥屋だと思う。

北区は十条銀座の総菜店の名は「あい菜家《さいか》」であるという。なかなかのネーミングではないでしょうか。

「あまくだり」

千葉県市川市の本八幡《もとやわた》に、かつて「あまくだり」という名のバーがあったという。

横浜にホルモンが売りの鉄板焼の店「いかりや腸介」があるという。すごいなあ、腸介ですか。確かに腸だけど。

東京都青梅市に「となりのレトロ」なる喫茶店があるらしい。隣に「レトロ博物館」があり、そこからのネーミングとのことだが、「アニメのトトロは意識しました」と正直だった。

赤穂浪士の墓があることで有名な高輪の泉岳寺の門前に饅頭屋があり、その宣伝文句に唸《うな》らされるという。いわく、

「餡はたっぷり打ち入りで、値段は堀部安兵衛で、味は大石内蔵助《くらのすけ》」

上手いなあ、誰が作ったのだろう。

ある喫茶店に入ったら横綱土俵入りの絵が掲《かか》げてあり、その上に〝NO〟と書いて

あった。NO相撲王《スモウキング》、つまりノースモーキング（禁煙）のシャレで、普段ならカチンとくるところだが、笑って許した。

「赤信号ひとりで渡る酔っ払い」

ビートたけしとサインの入ったそんな色紙が某酒場にあるという。「赤信号みんなで渡れば恐くない」の自作のパロディというわけです。見てみたいなあ。

「ヤセイの肉」

トラックの側面にそう書いてあり、ドキッとしたのだが、道の反対側に回って見ると、ナアーンダ、〝肉のイセヤ〟であった。

「スガノガス」

そんなトラックも。右から読んでも左から読んでもスガノガス。菅野ガスか？

「肉のあいかわ」という店、車の進行方向に合わせて店名を入れたら「わかいあの肉」になっちゃった。

○○○—一一九四《いいくよう》

○○○—四四四四

某葬儀社の電話番号です。二番目に説明の必要はないでしょう。

松梅繁梢——〝商売繁盛〟の縁起のいい当て字です。

飲食店でときおり目につくものに、〝ふくろう〟の置物がある。某店主に聞いて納得した。

縁起物で〝不苦労〟〝福籠〟という意味なんだとか。招き猫はわかるが、なぜふくろうなんだろうとの謎が解消しました。

暗くなるまで遊びません【町ネタ　看板系】

「そのバッグ　狙われてるで　うしろ（バック）から」

大阪某所に、そんなタテ看板がありました。


大阪、地下鉄御堂筋線の車内にこんな文句があった。

「ちょっと一服　あなたがよくてもみんなが困る」

私は見てないのだが、こんなのもあるとか。

「座り込み　あなたがよくてもみんなが困る」


東京都立川市の某居酒屋の壁には、こんな文句が書いてあるという。

「小さなことは気にしない。大きいことは分からない」

一読、皆納得するという。

「暗くなるまで遊びません」

某小学校にある立看板です。わかるような気もしますが、これが中学や女子校となると意味が変わりますよね。

某所には、こんな立看板があるという。

「口づけを交わした仲なのに、捨てるなんて」

これ、缶の投げ捨て防止なんです。粋です。確かに口づけしますから。あ、タバコにも使えるか。

関東の某県某所にこんな立看板が。

「ゴミを捨てないでください」

ここに個人名や町会名が書いてあれば、何の変哲もない立看板なのだが、こう書いてあったので皆、目を剝《む》いた。

〝東京電力〟

「あせりは禁物　あさりは海産物」

某自治会がそんな看板を立てた。おそらく交通標語だと思う。


「父さん鰻を食べた翌朝は、母さんとっても機嫌がいい」

浜名湖畔にそう書かれた看板があるそうな。ニヤッとしますな。関心のある方は探してみてください。


沖縄にて。

「マ○コ公園で小学生がシャセイをしました」

ニュースでそう言うことが普通にあり、観光客はビックリするのですが、あるんですねマ○コ（漫湖）公園が。


ＪＲ某駅にて、最終電車が行った後の電子掲示板にこうあったという。

「日本は終了しました」

本日は、と打ち込みたかった⁉

「十両の短い編成で参ります……」

本来は十五両らしいんだけど、スゴいねＪＲ。我が町を走る世田谷線は二両編成なんですが。


某スーパーの掲示板。

「お客様の声をお聞かせください」

「バーカ」

「お名前だけでなく、ご意見もお聞かせください」


某神社の絵馬にこう書いてあった。

「みんなの願いが叶いませんように」

国民保健体操【その他タメになる話など】

似て非なるもの。

「鳴かず飛ばず」と「生かさず殺さず」

この二つの言い回しは似ているが、違う。どこが違うのだろうか。主体性か？

「二種類のブスがいる。努力しないブスと、努力の方向を間違えたブスである」

私が言ったんじゃありませんよ。誰かが言って、私はなるほどと思っただけなんですから、無罪です。

「冗談は顔だけにして」

居酒屋で数年ぶりに聞きました。六十代半ばと思しきオヤジが言ってました。いまだに使う人がいるのかとシンミリしました。「冗談はよし子さん」と双璧か。

「国民保健体操」

戦前の旧ラジオ体操の名称はそうだったとか。現在のラジオ体操はもう六十年以上の歴史があるらしいですな。

「しにたい」とよく言う人がいる。本当に死にたいわけではなく、真意は「しごとからにげだして　たまには　いちにちねていたい」であるそうな。

陰口の反対語は〝陽口《ひなたぐち》〟であるという。当人のいないところで大いに褒めることだそうだが、いっそ面と向かって褒めたらどうだろう。

風俗ライターは吉原のソープ街では先生と持ち上げられ、弁当を供されたりで、大事にされるという。しかしそれは男の風俗ライターのみで、女性ライターは塩をまかれるという。

吉原には、江戸時代に亡くなった薄幸な遊女の霊に守られているとの言い伝えがあり、普通の女性が入ると霊たちが嫉妬して店をつぶすというんですね。美人度が高いほど嫉妬の対象になり、ではブスのライターならいいかというと、そこがまた微妙で……。

「一時間三千円」

キャバ嬢の時給ではありません。東京タワーのライトアップ、その電気代です。恐るべきエコ、技術力。私は時間あたり数万円フッ飛ぶと思っていました。スカイツリーに負けるな、頑張れ東京タワー、日本電波塔株式会社！

肘の折れる内側、つまり静脈注射などするところですが、あの部位を何と言うか、どなたか知りませんか。内側とは言ったものの、大体あの部分、表なのか裏なのか、それも教えてくださると幸いです。

「起承転結」

起き抜けに転んで尻を打つことも、キショウテンケツと言うんだそうな。

「ルービックキューブ」

某公共放送は、それをごくシンプルに「パズル」と言った。そう言えばゴールデンウィークは「大型連休」ですもんね。いや近頃はゴールデンウィークと言うこともあるとか。

女子の安心。

ちんこ系の言葉で「のどちんこ」だけ、女子が安心して使うという。うん、そう言えば……。

「さだまさし?」

広島県に〝さだまさはし〟という名の橋がある。

外部の人は驚くが、何のことはない、貞政地区にある橋だから〝貞政橋〟なのである。

「世の中ね顔かお金かなのよ」

「ロリコン外科医いい加減懲りろ」

「旦那もホモなんだ」

「残念いつ骨折接骨院捻挫」

はい、詠み人知らずの回文です。皆さん、やりますなあ。いずれも秀作揃いです。

ツイッター

本来とは違う言葉使いがあふれています。

「パない」——半端ではない

「イミフ」——意味不明

「おつです」——お疲れさまです

「アケオメ」が明けましておめでとうであり、「コトヨロ」が今年もよろしくであったことに、何という詰め方をするんだと思ったものですが、歯止めがききません。メールやツイッターの影響でしょうね。短縮すればそのぶん、より多く情報を送れますから。

最近ツイッターを始めたのですが、漢字で遊ぶ人がいました。なるほどそう見えるんです。

只——昔のテレビ

貝——電車が向かってくる。あるいは去っていく
興——学校への道

台風二十六号（平成二十五年）は、国内に大きな被害をもたらしました。東北をも襲ったわけですが、岩手大学生協は、ツイッターにこう呟きました。

「大学ＯＢが雨ニモマケズ、風ニモマケズと言って有名になってしまった都合上、岩手大学生協は通常営業しております」

これ、近年の傑作です。

歌人の俵万智さんもツイッターをやっていて、こんな呟きが印象に残りました。

「ふだん三十一字なので、ここはとても広く感じます」

どうです、いいでしょ。歌人ならではですよね。百四十文字の世界を広いというのですから。さて俳人はどう感じるのでしょうか。

居酒屋やファストフード店の冷蔵庫に入り、それを写真に撮り、ネットに上げる若

者が叩かれました。少し考えればわかりそうなものと、若者の浅慮に世間は怒ったのですが、この騒動を受け発表したコピーライター長谷川哲士氏のひと言は効きました。

「人は、冷蔵庫に入った人に冷たい」

いいでしょ、これ。因みにネット上ではこの問題について熱く語られたとか。

「お・も・て・な・し」

この言葉、滝川クリステルさんによって有名になりましたが、それを受けてツイッター上で、

「て・あ・し・な・し」

何と乙武洋匡《ひろただ》氏本人が呟いたのです。落語ファンとは知ってましたが、シャレわかるなあ。

「々」について。人々の「々」です。佐々木などにも入ってますね。

私はこれを漢字だと思ってましたが、実は記号の一種で〝同《どう》の字《じ》点《てん》〟と呼ぶのだそうです。パソコンなどで変換するときは〝どう〟と入れ、すると変換候補が並びます

から、その中の「々」を拾えばいいのです。

この知識のお陰で、ずいぶんスマホの操作が楽になりました。はい、この方法、ツイッターから得たのです。

「去る者は追わず、来る者は厳選」

フェイスブックをやる上での要諦《ようてい》だそうな。

あとがき

いかがでしょう。お楽しみいただけましたでしょうか。そうですか、そうでしょうとも、いろいろと工夫は凝らしましたから。とまあ、勝手に評判がいいことにするのを自画自賛と言うわけですが、読者の皆様が喜んでくれたかどうかは本書が増刷になるかどうかに懸かっているわけです。取り急ぎ、立ち読みでなく買ってくださったことを信じて厚く御礼申し上げます。

SNSの世界を私は信じていませんでした。その私がツイッターを始めるのですから、世の中はわかりません。ケータイを持つのもだいぶ遅かった私自身、不思議に思っているくらいです。私の性格を見抜いたのでしょう。「フェイスブックにしなさい」と言った人が何人もいました。でもそう言った人たちは私の本当の性格がわかっていません。私は瞬間湯沸器と言われますが、実は言われると逆のことがしたくなる天《あまの》邪鬼《じゃく》なのです。それで「ツイッターことを仕損じる」てなダジャレを飛ばしながら参入したのです。

ヒクヒク鼻が動いたのを覚えています。芸人の勘ですね、この世界にネタのニオイがしたのです。「落語家は世情のアラで飯を食い」と川柳子の言う通り、ネタは収入に直結するのです。タイムラインからネタをいただくだけでは申し訳なく、私もサービスにこれ努めました。ところが読解力がないと言いますか価値観の違いと言いますか、カラんでくる人がいるのです。始める際に、「クソリプには気をつけてください」とアドバイスされたのを思い出しました。

クソリプ、即ちクソなリプライです。フォロワーでもない通りすがりの他人が、上から目線で無礼な言葉を浴びせかけてくるのです。しかも匿名で。やめてしまうほどヤワではありませんが、不愉快です。そこで路線の変更をしました。ネタに徹したのです。三本のネタを昼前後に投稿しました。ファンの「昼休みに読むのが楽しみ」とのひと言が頭にあったからで、フルに使えるジャスト百四十文字にしました。「。」を打って一話完結ということです。

内容も落語と落語界とその周辺に絞りました。するとクソリプが減り、フォロワーが増えたのです。続けること数年、ネタも数千となりました。中でも談志と弟子ネタの評判がよく、そのネタだけを「まとめ」てくれる人も現れました。この第三弾の売れ行きが好調であれば第四弾（スピンオフという形もいいですね）にと考えています。あの桂文字助が登場するかもしれないのです。一つでは百四十文字ですから、へえそうかいってなもんですが、百、二百と重なるとなかなかの読み応えなのです。ツイッターにのっとって言うなら、まずはこの第三弾の「拡散」をお願いいたします。

では、またお目にかかりましょう。以上、「予告編」でした。

平成二十九年六月　雷雨の日に

知恵の森
KOBUNSHA

もっとハゲしく声《こえ》に出《だ》して笑《わら》える日本語《にほんご》

著　者――立川談四楼（たてかわ だんしろう）

2017年　9月20日　初版1刷発行

発行者――田邉浩司
組　版――萩原印刷
印刷所――萩原印刷
製本所――ナショナル製本
発行所――株式会社光文社
東京都文京区音羽1-16-6 〒112-8011
電　話――編集部(03)5395-8282
書籍販売部(03)5395-8116
業務部(03)5395-8125
メール――chie@kobunsha.com

ISBN978-4-334-78728-8　Printed in Japan

78476-8
tあ1-1

有吉《ありよし》 玉青《たまお》

お茶席の冒険

静寂の中、湯の沸く釜の音に耳を傾け、季節の花を愛で、茶をいただき、そして、自分もまた点てる。お茶の教室は未知の世界への扉である。（解説・檀 ふみ）

571円

78505-5
tい4-1

池波正太郎《いけなみしょうたろう》 編

酒と肴と旅の空

「単なる食べ歩きなどに全く関係がない文化論」と編者・池波正太郎が表わす世界の美味と酒をテーマにした名エッセイ二十四編。開高健と阿川弘之の対論「わが美味礼讃」も収録。

720円

78584-0
tい9-1

岩崎《いわさき》 信也《しんや》

蕎麦屋の系図

江戸食を代表する粋な食べ物・そば。幕末の江戸には四〇〇〇軒近くのそば屋があったとか。江戸・明治・大正から連綿と受け継がれる老舗そば屋の系譜を辿り、その伝統を顧みる。

740円

78572-7
tう1-1

上原《うえはら》 浩《ひろし》

純米酒を極める

これほど美味く、これほど健康的な飲み物はない――。我が国固有の文化である日本酒はどうあるべきか。『夏子の酒』のモデルとしても著名な「酒造界の生き字引」による名著。

680円

78157-6
bえ3-1

永《えい》 六輔《ろくすけ》

言っていいこと、悪いこと

日本人のこころの「結界」

言葉の世界にも結界がある。あるときは結界を踏み越えることで古い価値観が崩れ、世の中を変えてゆく。逆に、時代が変わっても触れてはいけない結界もある。『結界』改題。

520円

78240-5
bえ3-4

永 六輔

明るい話は深く、重い話は軽く

文庫書下ろし

伝えたい言葉、残しておきたい言葉もあれば、心に響かない言葉、無味乾燥な言葉もある――。日本中を旅して〝出たきり老人〟と異名をつけられた著者の〝話〟の妙味を集大成。

520円

78156-9
aえ1-2

エンサイクロネット 編

今さら他人《ひと》には聞けない疑問650

一度とりつかれると、答えを知りたくてたまらなくなる疑問、愚問、珍問、難問。その答えは、高尚すぎて、くだらなすぎて誰も教えてくれない。『ナゼだ!?』改題。

720円

78661-8
tお10-1

岡崎《おかざき》 武志《たけし》

読書の腕前

本は積んで、破って、歩きながら読むもの…。ベストセラーの読み方から、「ツン読」の効用、古本屋との付き合い方まで。〝空気のように本を吸う男〟が書いた体験的読書論。

740円

78695-3
tお10-2

岡崎 武志

文庫オリジナル

読書で見つけた こころに効く「名言・名セリフ」

年間数百冊を読む書評家が、読書で見つけた「生きる勇気をくれる言葉」を厳選。人生の壁にぶつかったとき、心が折れそうになったとき――胸に沁みるユニークなコラム集。

720円

72789-5
aお6-1

岡本《おかもと》 太郎《たろう》

今日の芸術

時代を創造するものは誰か

「今日の芸術は、うまくあってはならない。きれいであってはならない。ここちよくあってはならない」――時を超えた名著、ついに復刻。（序文・横尾忠則 解説・赤瀬川原平）

560円

78188-0
aお6-2

岡本 太郎

芸術と青春

岡本太郎にとって、青春とは何だったのか。孤絶をおそれることなく、情熱を武器に疾走する、爆発前夜の岡本太郎の姿がここにある。（解説・みうらじゅん）

514円

78356-3
aお6-3

岡本 太郎

日本の伝統

「法隆寺は焼けてけっこう」「古典はその時代のモダンアート」『今日の芸術』の伝統論を具体的に展開した名著、初版本の構成に則って文庫化。（解説・岡本敏子）

640円

78723-3
tお11-1

荻窪《おぎくぼ》 圭《けい》

古地図と地形図で楽しむ 東京の神社

古地図を元に、実は〝神社の宝庫〟といわれる東京の神社の由緒・歴史などを、立地や周りの地形に関する話とともに辿ろうという神社好き、散歩好きには堪えられない一冊。

880円

78404-1
bか3-1

加島《かじま》 祥造《しょうぞう》

老子と暮らす
知恵と自由のシンプルライフ

心の中に清浄な空気が入り込んでくる老子のダイナミズム。長野の山奥に転居し、老子の思想とともに暮らす82歳の詩人・米文学者・タオイストからの招待。

640円

78305-1
bか2-1

加東《かとう》 大介《だいすけ》

南の島に雪が降る

昭和十八年、俳優・加東大介は召集を受け、ニューギニアへ向かった。島の兵士で劇団を作り熱帯の〝舞台〟に雪を降らせ、兵士たちに故国を見せた感動の一作。（解説・保阪正康）

780円

78617-5
tか3-4

河合《かわい》 敦《あつし》 監修

図解とあらすじでよくわかる 明治日本
文庫書下ろし

明治維新の激動、相次ぐ戦争を経て列強国へ。この時代、リーダーはいかに行動し、庶民の生活はどう変わったのか。日本が最も輝いていた「明治・大正」の歴史がすっきり分かる。

724円

78714-1
tか3-5

河合 敦

変と乱の日本史
歴史を変えた18の政変とクーデター
文庫書下ろし

「乙巳の変」から「二・二六事件」まで、歴史を揺るがせた18の政変、クーデターをわかりやすく解説。教科書の定説だけに囚われない、多角的な視点で歴史の舞台裏を描き出す。

820円

78694-6
bく1-2

黒柳《くろやなぎ》 徹子《てつこ》

徹子さんの美《み》になる言葉
その後のトットちゃん

好奇心と笑顔、そして自由な心で、まっすぐ進み続けてきた〝トットちゃん〟こと徹子さん。青春時代の豊富なエピソードを交えながら語る、今を生きる女性たちへのメッセージ。

620円

78704-2
aさ2-18

佐高　信

田中角栄伝説

派閥を越え、政敵をも惹きつけた田中角栄の政治手腕、人間力とは!? 多くの証言者が語る「秘話」により、もう一つの角栄像が見えてくる! 『未完の敗者　田中角栄』改題。

680円

78152-1
bし2-1

塩《しお》月《つき》弥《や》栄《え》子《こ》

人をひきつけ自分を活かす
上品な話し方

身につけた品位が、話し方に品格を感じさせるのであって、カクアルベシという型にはまった「お上品」をするのは、むしろ逆の結果になる。「言葉の立ち居振舞い」集。

457円

78648-9
bし2-4

塩月弥栄子

お転婆ばぁの「元気」の形見分け

裏千家家元の長女として生まれ、恋に仕事に、人生を切り拓いてきた著者。好奇心を元気の素にする方法、いくつになっても女を捨てない心意気など、幸せに生きる秘訣を語る。

680円

78713-4
tし5-1

島《しま》田《だ》　裕《ひろ》巳《み》

日本仏教史　七つの謎を解く
空海と最澄はどっちが偉いのか?

宗教学者で作家の島田裕巳が、信仰という〝聖域〟の中で形作られた高僧たちの華麗なる姿を、史実を基に検証し、わかりやすく解説する。『島田裕巳の日本仏教史　裏のウラ』改題。

660円

78646-5
bせ1-7

瀬《せ》戸内《とうち》寂聴《じゃくちょう》

五十からでも遅くない

51歳で出家の道を選んだ著者が〝女と孤独〟〝五十代の恋〟などの女性の悩みに、自身の体験と仏教の教えを交え、答えていく。齢を重ねてなお美しい現代女性たちへの応援歌!

640円

78650-2
bせ1-8

瀬戸内寂聴

おとなの教養　古典の女たち

「額田王」「後深草院二条」「虫めづる姫君」他、史実、物語を問わず著者が選んだ古の女10人を紹介。道徳の枠にとらわれない情熱的な愛の数々を描く、寂聴流・古典文学入門。

820円

78725-7
tと2-2

戸部 民夫

あの歴史上の人物はここに祀られている

神社でわかる日本史

文庫書下ろし

奈良・入鹿神社（蘇我入鹿）など、日本史に出てくる英雄・偉人たちが祀られている神社の由来、祀られている人物の功績を紹介することで、日本史の裏側を浮かび上がらせる。

660円

78626-7
tの3-1

野坂《のさか》 昭如《あきゆき》 編

忘れてはイケナイ物語り

戦争は、人間を狂わせる。30人の地獄のような戦争体験をまとめたこの文集は、後世の人たちの正気を保つための書、忘れてはいけない正気の手がかりを伝える書である。

629円

78705-9
tひ5-1

広瀬《ひろせ》 和生《かずお》

増補『談志の十八番』 名演・名盤ガイド

談志は「これ」を聴け！

最晩年まで、天才落語家・立川談志の高座を、追いかけ続けた著者だからこそ書ける談志論、名演ガイド。落語ファンにも、〝談志嫌い〟にもお勧めの増補決定版！『談志の十八番』改題。

840円

78720-2
tひ6-1

広田《ひろた》千悦子《ちえこ》

くらしを楽しむ七十二候

日本の四季には七十二もの季節、すなわち「七十二候」があります…その七十二候のうつろいに寄り添いながら、豊かな季節の「行事」や「旬」を楽しむ〝くらしの歳時記〟。

620円

78594-9
tふ4-1

古川《ふるかわ》 修《よしみ》

ああ、「江戸前」の幸せ

蕎麦屋酒

蕎麦屋の醍醐味は蕎麦と酒と酒肴のハーモニーにあり—蕎麦と酒に関する豊富な知識と愛を基に究極の大人の愉しみを紹介。老舗から新店まで五感で選んだ蕎麦屋ガイド付き。

680円

78668-7
tま2-1

丸田《まるた》 勲《いさお》

モノの値段で知る江戸の暮らし

江戸の卵は一個四〇〇円！

大工の年収318万円、将軍の小遣い19億円…。江戸の物価を現在の円に換算すれば、江戸の暮らしがもっと身近に感じられる。時代劇や時代小説がもっと面白くなる一冊。

620円